从创意到创业

大众创业全流程
思维、方法与案例

汤历漫◎著

中国经济出版社
CHINA ECONOMIC PUBLISHING HOUSE
·北 京·

图书在版编目（CIP）数据

从创意到创业：大众创业全流程思维、方法与案例／汤历漫著．
北京：中国经济出版社，2017.10
ISBN 978－7－5136－4828－8

Ⅰ.①从… Ⅱ.①汤… Ⅲ.①创业—研究 Ⅳ.①F241.4

中国版本图书馆 CIP 数据核字（2017）第 211417 号

责任编辑　贾轶杰
责任印制　马小宾
封面设计　任燕飞

出版发行　中国经济出版社
印 刷 者　北京力信诚印刷有限公司
经 销 者　各地新华书店
开　　本　880mm×1230mm　1/32
印　　张　9.25
字　　数　160 千字
版　　次　2017 年 10 月第 1 版
印　　次　2017 年 10 月第 1 次
定　　价　48.00 元
广告经营许可证　京西工商广字第 8179 号

中国经济出版社 **网址** www.economyph.com **社址** 北京市西城区百万庄北街 3 号 **邮编** 100037
本版图书如存在印装质量问题，请与本社发行中心联系调换（联系电话：010－68330607）

前言

这是一个大众创业的时代。

大学开设了创业必修课，身边朋友纷纷产生了创业的念头。大众创业热情空前高涨。然而，初入创业领域的大众创业者，从创业起步开始就要面临诸多挑战。我因工作的关系，接触过数百位初次创业者。这些初创者普遍有非常高的创业热情，也有各种创业的点子，但大部分人在创业过程中缺乏正确的思维，容易落入实践误区，影响初创企业的发展。基于我在创业咨询工作中接触的各类初创项目，创始人容易产生的思维误区有以下几种：

(1) 创始人在创业初期就存在“一步到位”的想法，而缺乏对创业产品或服务原型迭代更新的思维。在初创时期，创始人希望自己的创业产品和服务功能全面，尽可能满足各类用户的多样性需求，然而在执行的过程中，却受限于初创时期人力、资源和资金的限制，项目迟迟无法落地。

(2) 创始人组建创业团队时，用重金聘请高技术人才，却忽略了创业团队功能的完备性，过于侧重技术研发或市场营销。甚至有一些技术出身的创始人会存在“技术可行就是项目产品可行、市场可行”的想法，结果在技术研发上耗费太多的时间和资金，导致项目无法推进而失败。

(3) 创始人融资后在资金使用上没有合理规划，将资金过度投入到办公设备采购等地方，导致资金链过早断裂，项目只好仓促终止。

不管什么行业，创业本身都是一种充满挑战和激烈竞争的工作，对于缺乏资源和资金的初创企业尤为如此。我认为以正确的思维模式来寻找适合自身的创业发展路径对创业者尤为关键。

结合这些年工作和学习中积累的创业经历及咨询经验，我为大众创业者编写了一套实用创业思维分析咨询工具，从大众创业者的角度出发，基于项目从无到有的生命周期逻辑，分析从创业点子到商业转化，从构建商业模式到融资、企业成长等一系列创业流程，分享我在初创企业方面的管理咨询经验。本书的内容涵盖大众创业者最关注的九大问题：(1) 创业者必须具备的基本能力；(2) 创业点子如何商业化；(3) 创业产品/服务设计；(4) 创业商业模式组建；(5) 创业团队组建；(6) 创业商业策划书编写；(7) 创业者融资；(8) 创业市场营销；(9) 创业项目如何持续发展达到基业长青。每个问题中都包含各种思维工具，能够给创业者更多的支持；每个工具后面都有创业项目案例分析，所列举的案例都以大众创业为主，具有普遍性，务实可落地。同时，对案例的分析细致到位，让普通创业者真正得到全面的指导。为了内容的创新性和实用性，书中没有引用目前在各类媒体上频繁出现的创业企业领军人物的案例。此外，为了做到图文并茂，生动活泼，部分章节文字内容后还附上了笔绘的创业主题漫画插图，以便让读者在轻松愉快的氛围中阅读和使用本书。

无论你是刚刚有一个创业想法但还没有具体实践方法的职场白领，还是跃跃欲试的大学生，抑或是正在创业起跑线上挣扎的创业者，本书都会为你提供更实用、更接地气、更高效的创业思维工具，指导你的创业行为，帮助你赢得一个良好的开端，并用更高效的思维推动创业项目发展，进而成为创业热潮中万千创业企业“成功的5%”。

创业项目千差万别，本书尽量站在大众创业者最普遍的思维角度换位思考，传递实用的思维模式而非固定套路，这样本书对创业者的参考意义和落地可行性会更强。如果读者对其中的内容有不同的观点，欢迎与我交流探讨。

我认为，一切从无到有地构思创造一项产品或者服务，以对市场和用户产生价值的过程，都是创业过程。创业行业不分贵贱，每一位创业者都值得被尊敬。创业者们，让我们保持头脑清晰，鼓起勇气去开拓创造自己的事业吧。

祝愿每位创业者都能克服万难、前程似锦、事业有成！

汤历漫

2017 年 7 月 11 日　北京

从创意到创业
大众创业全流程思维、方法与案例

目录

第 1 章

创业者，你准备好了吗?

创业是一个不断挑战自我能力的过程，如果你对自己的能力一无所知就贸然加入创业大军的行列，那无异于赤手空拳去挑战装备精良的对手。

工具1　创业知识管理结构图

创业是一个企业资源动态调整及企业价值持续增长的过程。创始人及其团队在创业各阶段都需要具备知识吸收转化及知识管理的相关能力。**知识管理能够促使企业充分利用组织内外的已有知识进行整合，获得知识创新，实现价值的增长**。在当今知识信息爆炸的时代，获取知识的种类和渠道日趋多样化，获取知识的门槛降低，创始人在创业时期需要重点关注哪几类知识的沉淀和转化呢？本书为创业者提供下列创业知识管理思维结构清单。

经合组织在《以知识为基础的经济》中把知识分为四大类：第一类知识是关于事实的知识，回答“是什么”的问题；第二类知识是关于原理的知识，回答“为什么”的问题；第三类知识是关于技能的知识，回答“怎么做”的问题；第四类知识是关于人力的知识，回答“谁有知识”的问题。本书也基于上述四类知识，将创始人需要在创业中归纳

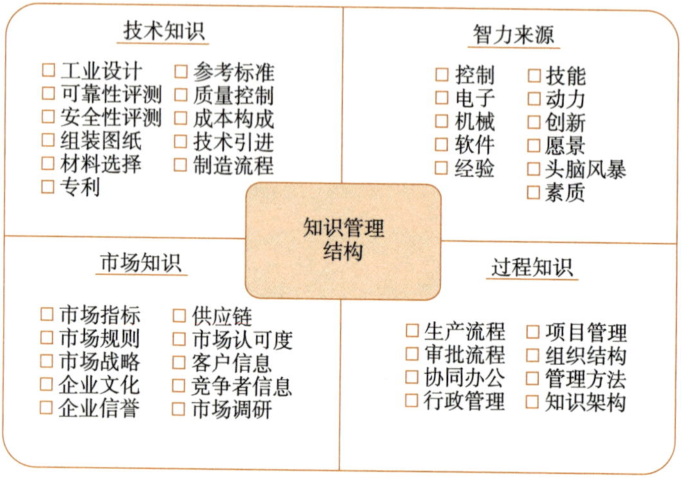

图1－1　创业企业知识管理结构

沉淀的知识结构分为4类，即技术知识、市场知识、智力来源及过程知识。

（1）技术知识：指创业产品和服务设计、生产及销售过程中各领域的专业知识，主要回答“是什么”的问题。这些知识会需要创业者从相关专业领域获取，并经过企业和个人的长期积累存储。如产品图纸、文档资料、工艺文件、发明、专利、配方等。

（2）市场知识：指创业企业所处的市场环境、自然环境、政策环境等能够影响企业发展的各类外在环境，以及市场渠道、客户定位、客户关系、合作伙伴、投资人、供应商等影响企业产品和服务需求的知识信息，主要回答“为什么”的问题。创业企业在一个动态开放的市场中，因此需要创业者不断从外部环境和用户手中收集市场知识，并转化成为创业产品和服务的创新和发展决策。

（3）智力来源：主要指掌握知识与技能的专业人才，包括他们的知识结构、经验、协调组织能力、判断力等。这个主要回答“谁有知识”的问题。这些人才本身所具有的知识需要在企业运营的过程中沉淀和管理，为企业创新和发展提供基础。

（4）过程知识：指企业各项工作任务得到分解、组合和协调的工作流程框架，包括各项标准化流程设计、运营制度、协同办公规则、企业运营方法论及发展战略规划等。这个主要回答“怎么做”的问题。过程知识能够确保企业有效运营和持续创造价值。

创业者在创业时期可以结合知识管理结构图，将企业运作中需要加以管理的知识分为上述四类，通过转化为显性知识，即通过文字信息，包括图表、数据、公式、手册等不同形式沉淀下来；也可以转化为隐性知识，即通过尝试与探索在总结经验和教训的基础上，形成创业者个人的运营风格、运营直觉和运营经验。

案例

这个青年投资人俱乐部短短两年内实现了全国发展的目标

北京某家五星级酒店的大厅里，豪华的吊灯发出紫色和金色的光，照亮了在这里聚会的几百人。

他们都是做投资的青年，大部分是初入职场的投资经理。

我端着一杯香槟，加入了一个自由组合的聊天小组。聚会上陌生人之间的对话常常是这样开始的，“你在看什么投资领域”“我们是不是同一家知名高校的校友”“你在什么领域做咨询，我认识你们领域的 × × ×”“你们行业的发展情况如何”。

聚会主办方——一位优秀的年轻投资人缓缓走上演讲台，他是这个俱乐部的创立者。

创始人介绍说，两年前，他们 6 位金融街的投资人坐在一起吃饭，谈到年轻投资人找到好项目和好资源的压力非常大，于是他们想做一个交流群，整合各自的资源及互通有无，青年投资人俱乐部就这样诞生了。

一个年轻的投资人在知识储备和资源人脉上总是有限的，而在投资行业，资源人脉和行业信息就是赚钱的资本。无论人脉还是行业信息的积累，青年投资人都太需要了。青年投资人俱乐部的发起人瞄准这些年轻投资人的需求，将一群名校毕业生、海归等优秀的青年投资人聚在一起，汇集各方面的知识人脉，共同应对生活和投资工作的挑战。

两年后，他们在五星级酒店会议厅举办了一场聚会就有近千位青年投资者参加。除了北京，上海、成都、深圳等 5 个省市也都有这个俱乐部的分舵和代理人，并且定期聚会和举办资源整合活动。2016 年他们应该已经在香港注册成为社会企业。

青年投资俱乐部针对年轻投资人这类客户的需求痛点定位商业模式。找到客户的痛点，精准定位人群，整合资源，体现专业性，是成功创造同类用户社群的必要因素。

案例分析

本节案例讲述了一个青年投资人俱乐部的创业项目。该投资人俱乐部在起步阶段，创始人迅速对下列知识进行了沉淀和积累：掌握专业投资知识技能的青年投资人、俱乐部标准化管理流程，青年投资人在寻求优质项目中的需求痛点、项目信息、投资规则和资源整合规则等。他们将这些知识运用到俱乐部分部的建设、投资人会员的管理，以及为会员搭建的沟通平台、服务平台和合作平台的创新中。用本节提供的知识管理结构思维工具对该青年投资人创业俱乐部进行分析，如图 1－2 所示。

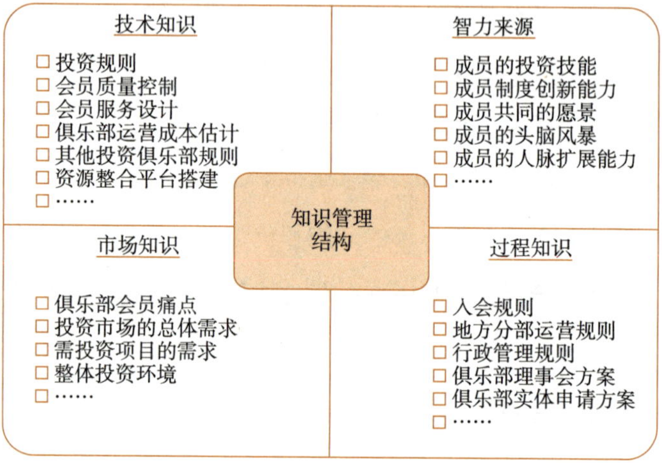

图 1－2　案例项目知识管理结构

信息爆炸的时代
需要具备对信息搜集筛选的能力

工具 2　项目描绘逻辑提纲

对项目进行合理清晰的描绘是项目创始人必须要掌握的一项能力。无论是在向投资人介绍你的项目以吸引资金，还是向核心团队成员介绍项目以吸引人才，或是向用户和媒体等介绍企业产品和服务，都离不开这种能力。**作为创业者，你必须在有限的时间内用清晰的逻辑和语言描绘你的项目。**为了使创业者快速地抓住项目核心要素，本书为创业者提供了下列项目产品及服务描绘提纲工具。

这个描绘逻辑提纲采用递进式结构，能够比较清晰地描述企业项目的三个维度：项目概况、项目商业运作模式和项目未来发展潜力。

（1）项目概况。项目概况建议在 50 ~ 100 字以内，以一句话的介绍框架传递项目信息：在（使用条件）情形下使用了你的产品或服务（项目名称）可以解决他（用户需求痛点）的困难。

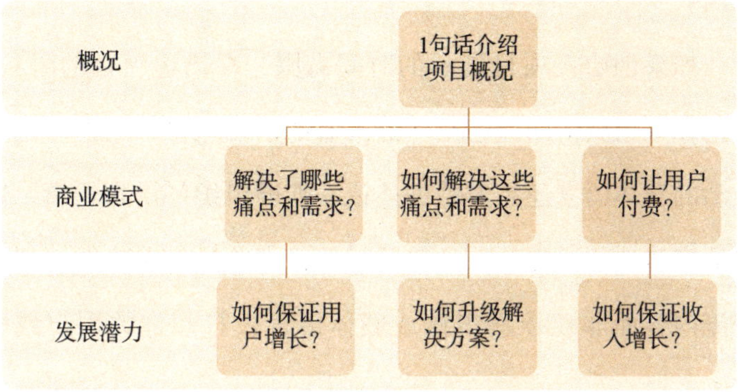

图 1－3　项目产品及服务描绘逻辑提纲

在没有机会向你的用户或者投资人传递更多信息的时候，至少保证能够在 1 分钟内尽量完整地将项目核心信息传递给你的用户或者投资人。

（2）商业模式。如果项目介绍的时间再长一些，如 5 分钟，也需要将商业模式最关键的信息传递给投资人或用户，包括三个维度：创业项目解决了什么痛点？如何解决这些痛点？如何付费获取产品或服务？在有限的时间内，至少要将这三个维度传递给你的用户或者投资人。

（3）发展潜力。投资人所投资的不是项目目前的状况，而是项目的未来发展前景。因此，在向投资人描述你的项目的时候，请基于三个主要维度谈项目的未来发展潜力：如何保证用户增长？如何提升解决方案质量？如何保证收入增长？这三个维度能够向投资人说明你对项目的未来发展是如何考虑的。

如果创始人项目展示的时间有限，在描述项目的时候，无论你采用激情洋溢还是冷静沉着的语言风格，无论你是用生动的肢体语言还是安静的述说，能够组织好语言逻辑，以保证完整地传递你的项目最关键的信息才是最重要的，请用交流内容而非仅依靠表情或肢体语言去打动你的用户或投资人。

案例

这位名模对自创的服装品牌定位和描述非常清晰，并使听众信服

清华大学新讲堂会议厅，舞台上的聚光灯中站着一位高挑的气质美女。身后是她的大幅气质写真照，照片上的她穿着白色衬衣，衬衣下摆扎蝴蝶结，黑色长裤，简单干练，配上她精致的东方美人五官：丹凤眼，柳叶眉，厚嘴唇。这时候，整个舞台上作为演讲者的她就是唯一的焦点。

“我之前做名模的时候，吃穿住行都有人安排；我自己创业的时候，去考察衣服面料加工厂，因为路途太遥远，只能坐在绿皮火车里颠簸 30 多个小时。在路上我就想着创业实在是太痛苦了。”

我相信坐在演讲台下包括我在内的各位听众都呆了一下，在这场演讲秀中，请来的不乏知名人士和创业者，每一位在舞台上都尽量去表现自己成功的一面。轮到她上台，怎么就用这么朴实的语言把创业的艰辛历程都给大家讲述了!

自创一个服装品牌谈何容易，即使是像她这样在国际时尚界打拼了十多年的知名模特，要想创造自己的服装品牌依然要面临巨大的挑战。不过，她的演讲中对品牌的定位描述是非常清晰准确的。她将品牌消费者定位为事业成功或者积累了一定财富的年轻事业型女性，如公司年轻管理者。这类女性对衣服的品质要求比较高，并且对时尚具有一定的理解。她们渴望通过时装体现优雅、简约、大气、干练的风格。这位名模对时装质量要求非常高，但是价格要比国外大牌低很多。她的客户都是有实力接触和购买国际名牌时装的，但是比较之后会发现这个品牌的时装性价比非常高。这种高性价比将会在这些中高产阶级女性用户中口碑相传，使得该品牌的衣服越来越受到同一消费者特征的群体喜爱。在这种精准的产品定位描述下，台下的听众都认为这位名模对自己的品牌已经了如指掌。知己知彼，方能百战不殆。

从好几年前我就很欣赏这位世界名模。那天有机会面对面听她演讲之后，我除了佩服她已经如此成功却能如此谦逊和真实之外，还回忆起了当时知名时尚杂志采访她归国创造自己时装品牌的纪录片。

这短短12分钟的纪录片中，她的一段话让我记忆犹新："我的亲朋好友都劝阻我：服装这行水太深了，你是做不成的，不要做。我却觉得刚开始不会是很正常的，人只要肯学，没有什么是学不会的。刚开始就招了两个女生，去宜家扛家具回到上海的办公室。还有去上海看一个面料展，我去跟老板说要100尺，别人都不卖给我……"

在那段纪录片推出两年后，清华大学会场的演讲台上，"如今我们的店在上海已经开了两家定制品牌店，同时有十多家的品牌合作店。"她最后说。

创业者们，你可知道，一旦创业，任何人都会站在一个从无到有的起点，接下来的路都需要一步一个脚印地行走。创业者们，你们准备好了吗？

案例分析

案例中的名模在退下T台之后，决定创立自己的时装品牌，一步步克服各种挑战，将自己的时装品牌建立起来，并形成了持续发展的客户群体。在这次项目展示中，她没有加入华丽的辞藻和夸张的肢体语言，甚至展示出了自己最真实的想要退缩的心情和遇到的一些挑战，但是听完她介绍之后会让听众更加佩服和信任她创立的时装品牌，加上品牌质量和性价比都高，更加能够给投资人以该项目具有未来持续发展能力的信心。如果用本节介绍的项目描述提纲来尝试组织本案例的介绍如下：

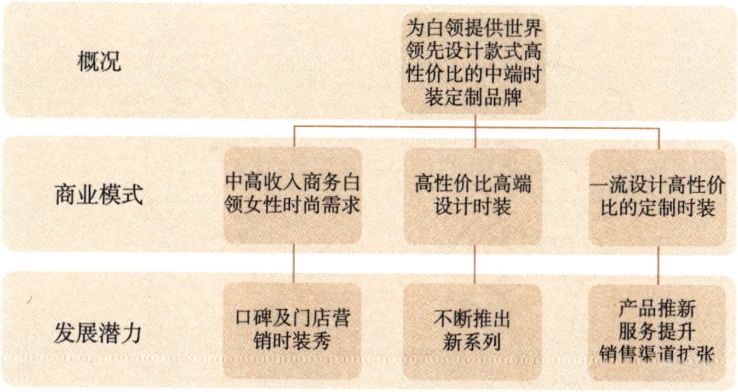

图1-4 案例项目产品及服务描绘提纲

你的项目解决了
什么用户需求？
呃…我没有
想过这个问题

工具 3　创业项目计划管理表

创业项目成功的重要保障之一是制订一个合理而且清晰的项目计划，在思考“如何做”之前，需要界定“做什么”。创业者在创业开始就需要修炼制订项目计划的能力，而非跳过项目计划直接进入执行阶段。**“磨刀不误砍柴工”，多位创业者已通过实践验证了这样一个事实：事先对创业进行规划会让创业者更容易达成目标。**本书建议创业者通过下列几个步骤来培养项目计划制订的思维。

（1）明确项目计划的关键组成部分

创业项目计划并不只限于项目技术研发层面的推进时间表。项目计划是整个创业项目筹划过程中最主要的工作成果，包括项目涉及的相关细节、预算、时间表等，也包括项目风险预估、效果评估指标、可能产生的影响等。

（2）确定项目计划利益相关方和职责分工

确定创业项目计划任务节点之后，需要明确利益相关方和各方职责分工。这一步是创始人对项目资源进行整合和梳理，以避开日程上的冲突，解决彼此矛盾的关键。

（3）编制项目计划推进表

对前面两步思考之后，创业者需要将思考转化为项目计划推进表。推进表包括完整的项目计划、项目关键性任务、每项任务所需要的时间、每项任务所需要的资源、利益相关方等。

（4）更新项目计划推进表

项目计划表让创始人明确将项目落地的具体实践思路和计划。在真正开始按照计划推动各项工作时总会遇到各种变动，计划赶不上变化，因此创业者需要灵活地处理项目计划推进任务。如果出现了关键性的更新，则需要将更改体现在项目计划推进表中。

本书提供下列项目计划推进表格供创业者们参考。

表 1－1　创业项目计划推进表

项目进度计划表			
一、项目基本情况			
项目名称：		项目编号：	
制作人：		审核人：	
项目总负责人：		制作日期：	
二、项目进度表			

日期 步骤		2月13日	2月14日	2月15日	2月16日	2月17日	2月18日	2月19日	2月20日	2月21日	2月22日	2月23日	2月24日	2月25日	2月26日	2月27日	2月28日	3月1日	3月2日	3月3日	3月4日	3月5日	3月6日	3月7日	3月8日	3月9日	相关方责任人	备注
任务 1	计划时间																											
	完成时间																											
任务 2	计划时间																											
	完成时间																											
任务 3	计划时间																											
	完成时间																											
任务 4	计划时间																											
	完成时间																											
任务 5	计划时间																											
	完成时间																											
任务 6	计划时间																											
	完成时间																											

案例

这个创业公司用法务咨询服务来换取其他创业项目的股份

某一天，这家创业公司与我进行了接触。这家公司的创始人是一群法硕出身的专业法务律师。

初创项目在起步阶段会面临各种挑战，缺乏法务专业人士就是其中的一个问题。创始人也许能够将项目产品 APP 制作得非常出色，可是在成功融资引入新的合伙人的时候，一份完备的合同是创业公司的重要保障。这时候如果创始人没有注意合同条款细节，将有可能使自己的利益受到侵害，造成不必要的损失。这家为创业者提供法务服务的创业公司就看到了创业者们普遍存在的这个痛点。

公司法务咨询属于一种专业服务，这项服务收费不低，所以只有具有一定实力的公司才会购买这项服务或增设法务部门。这家公司看到了全国创业者大幅度增加的趋势，了解到创业公司对法务咨询服务的需求，也就发现了法务咨询的新兴市场。但创业者无法支付较高的法务服务费用，于是他们就尝试与创业者商务谈判，用创业公司的部分股权来抵法务服务的部分费用，也就是他们用所提供的专业服务作为投资资本，换取创业公司的股份。

这个创业项目的运营模式是否有效呢？与创业资金一样，

法务似乎是初创公司不可忽略的另外一个刚需。在与客户和投资方的合作协议中，如果条款上存在法律漏洞或风险，就会威胁创业项目的发展甚至生存。

为了拓展客户，这个创业团队采用的是层层递进的方式开发客户。首先，团队在中关村的一个孵化器每周都开展帮扶研讨会，筛选报名的创业企业，对他们的潜在客户收取少量活动费用。其次，他们在活动现场为这些创业公司提供法务服务。这种法律咨询都是常规性的服务，对于创业公司而言基本没有太多的成本支出，这样既能够让创业公司负责人体验到这个法律咨询服务团队的专业，又能够让创业公司在交流中完成初次合作洽谈的过程。最后，如果在交流中遇到创业公司情况特殊或者需要投入大量精力才能解决的法务方面的问题，这个法务咨询团队就尝试说服创业公司用少量股权来换取他们提供的长期法务咨询服务。因为专业法务咨询的费用往往非常昂贵，超过了创业公司的支付能力，但是如果创业公司的法务风险比较大，确实是需要借助专业人士的力量。创始人在出让很少比例的股份（一般是 1 ~ 2 个百分比的干股）还是支付大笔法务咨询费用中进行衡量，认为出让少量股份置换法务咨询服务更划算，这家公司的生意就做成了。

发现客户的痛点，转换思维方式，将短期收益与长期收益相结合，也是一种比较灵活合理的创业思维。

案例分析

本节创业项目案例的经营模式是为创业企业提供法律咨询服务以置换公司的咨询费用及股份。创业项目的行动计划包括：组成专业法务顾问团队、开展小型创业项目帮扶沙龙、现场咨询及争取签约成为其他创业项目的法务顾问、争取用法务顾问服务换取创业公司股份等计划。案例中的项目计划时间表可以安排如下。

表 1－2　案例创业项目计划推进表

项目进度计划表

一、项目基本情况

项目名称：	法务 VC 项目	项目简介：	通过为其他企业项目提供法务咨询服务以争取其他创业公司的股份出让
制作人：	创始人 A，创始人 B	审核人：	创始人 C
项目总负责人：	创始人 A	制作日期	2017

二、项目进度表

步骤＼日期		2月13日	2月14日	2月15日	2月16日	2月17日	2月18日	2月19日	2月20日	2月21日	2月22日	2月23日	2月24日	2月25日	2月26日	2月27日	2月28日	3月1日	3月2日	3月3日	3月4日	3月5日	3月6日	3月7日	3月8日	3月9日	相关方负责人	备注
组建法务专家团队	计划时间	→	→	→	→	→																					创始人	律所合伙人 2 人
	完成时间						→	→	→																			其他团队成员 2 人
筹备创业法务咨询沙龙	计划时间									→	→	→	→	→	→												创始人 孵化器	争取 3 个孵化器场地
	完成时间															→	→											沙龙时间、内容、渠道
实施创业法务咨询沙龙	计划时间																	→	→	→							创始人 孵化器 企业客户	3 场沙龙
	完成时间																				→							确定参加门票费用等
沙龙现场及后期跟进签单	计划时间																					→	→	→			创始人 孵化器 企业客户	拟定潜在客户 100 人
	完成时间																								→	→		拟定 10% 签单率

工具4　创业决策多维度评估表

在创业初期，很多决策都是由创始人本人制定的，因此创业者必须具备做决策的能力。决策能力是创业者根据主观条件，因地制宜地提出符合创业发展方向的目标、战略和具体选择实施方案的能力。虽然创业充满了未知，但在创业项目推进的路上，创始人必须选择一条可以实施的落地之路。**本书建议创始人在制定某项决策之前主要基于五个维度来考虑：创业环境、创业成本收益、创业资源、创业风险及创始人特征**。创始人在需要做出决策的时候，可以参考下列决策评估表中的具体评估事项，以1～5分评分的形式做出评估。本表格中的评估维度都是以该决策对创业项目的收益和运营产生的潜在影响为前提设计的，旨在为创业者制定决策时提供一种综合考虑的思路。创始人可以根据自身的情况打分，并以最后得分及项目的真实情况评估项目决策的可行性。

表 1－3　创业决策多维度评估表

评估维度	评估指标	评分				
		1	2	3	4	5
创业环境	政策环境					
	市场环境					
	用户需求					
	经济环境					
创业成本收益	用户需求					
	预期收益					
	前期投资					
	运营成本					
创业资源	渠道资源					
	技术实力					
	人脉资源					
	客户资源					
创业风险	营收风险					
	创始人名誉影响					
	品牌影响					
创始人特征	风险倾向性					
	同类决策经验					
	压力承受能力					
	失败承受能力					
	决策决心					

案例

这位企业负责人在工厂破产之际临危受命，大胆转型挽救了工厂

我的家乡在一座风景秀丽的南方工业城市，工业产值是省内第一，这里诞生了许多优秀的企业家。

本案例是一个企业家如何在企业危难之际进行转型，最终挽救了企业的创业故事。在计划经济时代，我的家乡有两家糖果厂，都是国营糖果厂。这些糖果厂在二十世纪七八十年代主要生产各种水果硬糖和软糖。然而在八十年代末，产品逐渐跟不上时代，国企又改制成为私营企业，糖果厂面临着破产的局面。

我的家乡地处亚热带，气温普遍较高，因此两家糖果厂都不约而同地建造了冰淇淋生产线。然而生产的冰淇淋质量有限，当时附近省份知名品牌广州五羊雪糕等一下就把这两家糖果厂的冰淇淋给比下去了。这下两家糖果厂黔驴技穷，一家黯然倒闭，另一家面临谁来管这个烂摊子的问题。

非常戏剧性的局面出现了，这家糖果厂高管们居然把烂摊子推给了一位 20 岁不到的一线女工。后来她接受市电视台采访的时候，谈起她上台宣布就职演讲，当时才 18 岁左右的她手足无措，完全不知道要对大家说什么。

接任濒临破产的糖果厂，眼看着冰淇淋的销量完全不行，整个厂都要散伙了，我想这位女厂长在当时肯定是非常无助，压力大到夜不能寐。

但她在绝望中找到了一丝转机。一直在找新产品的她在外省找到了一位教授，这位教授研发了一种润喉片的配方，她考察后认为这个配方是能够挽救工厂的最后一个希望，因此买断了这个配方和专利，还承诺把这位教授的头像印在产品包装盒子上。

为了打开销路，这位企业家再次挑战自己。当时适逢全国人民代表大会召开，一个名不见经传的南方工业城市的小糖果厂老板，居然通过各种渠道把产品放到了委员们的桌子上。开会需要大量发言，北京天气干燥，委员们嗓子沙哑疼痛，含了一片后迅速缓解。从此这款保健糖果的销量大增，甚至远销国外。

就在面临破产边缘的时候，一位年轻的女厂长抓住机会，顶住巨大的压力，在一丝希望中大胆下赌注，破釜沉舟，最后成就了这款国内外知名的品牌。

创业者们，机会来临的时候，风险也会伴随而生，你能扛住风险抓住机会赌一把吗?

案例分析

本节案例中，企业在面临生存挑战的时候，领导人必须在承担巨大压力下找到企业的生存之路，就如同创业企业需要在创业时期求生存一样。基于本节提供的创业企业决策清单，对本案例做决策时考虑的各维度评估如表1－4所示。

表1－4　创业决策评估表

评估维度	评估指标	评分					评分描述
		1	2	3	4	5	
创业环境	政策环境				√		国企改制激活市场环境
	市场环境				√		保健品市场增长力比糖果市场大
	用户需求				√		用户对保健品的需求增长
	经济发展环境				√		用户生活水平改善对保健品需求增长
创业成本收益	预期收益					√	预期收益远高于传统糖果市场收益
	前期投资		√				前期投资不足需要借助融资
	运营成本		√				运营成本不足需要借助融资
创业资源	渠道资源				√		拥有多样化渠道
	技术实力				√		润喉保健品配方及专利
	人脉资源				√		拥有技术发明人及“两会”推广渠道
	客户资源		√				需要开发有别于糖果的客户资源
创业风险	营收风险		√				对保健糖果不熟悉营收风险高
	创始人名誉影响				√		成功与否对创始人名誉有比较大的影响
	品牌影响					√	成功与否对品牌顺利转型有生死存亡的关键影响

续表

评估维度	评估指标	评分					评分描述
		1	2	3	4	5	
创始人特征	风险倾向性					√	非常愿意承担风险以拯救企业
	同类决策经验	√					没有同类决策经验
	压力承受能力					√	非常愿意承担压力以拯救企业
	失败承受能力					√	非常愿意背水一战承担失败风险
	决策决心					√	最后一搏 背水一战

结合企业创业的情况，案例中的创业项目需要创始人奋力一搏去选择业务转型方向，也需要创始人在企业生存压力下做出产品和营销渠道转型的决策。因此在决策前，通过本节的清单能够从不同维度梳理出对本项目决策的评估情况。该评估体现了创始人在项目发展决策时真实的思考历程，可以帮助创始人理清思路，更好地做出各项创业决策。

这是一个
产品需求！
203
最近加班太多，
没有时间做饭。
真想自己做饭

创始人能力修炼过程中必须避开的误区

在创业的过程中，创始人的能力也需要通过不断学习和创业实践来提升。然而创始人在自身能力培养的过程中，需要注意避免下列能力培养的误区。

误区一：恨不得一天 24 小时工作和学习才能提升实力

创业面临诸多挑战，但是创始人并不需要像陀螺一样不停歇地连轴转。创始人的职责应该是把握公司的大方向和整合关键的资源，而约见关键客户、筹集资金、寻找正确的商业模式和市场定位等各项事务需要合理分配给创业团队成员。在创业初期，创始人也许面临创业团队不完整的局面，这个时期也请创始人集中火力在关键的事务上，如产品和服务市场定位思考、如何吸引合伙人加入等。创业是一场马拉松，并不是一次短期冲刺。真正成功的创业者都需要持续经营 7～10年，在这个漫长的时间中，创业者需要有的放矢，劳逸结合，保证身体健康。身体健康是创始人需要掌握的最基本能力。

误区二：举手投足都需要和成功企业家一样

创始人在能力修养的时候，会向最优秀的成功企业家学习。然而需要注意的是，这些成功企业家举手投足和对外传递的信息都是经过修饰的，也许你只能通过这些筛选后的信息观察这位企业家。创业者学习企业家的肢体语言、演讲思路甚至穿衣打扮，并不是能够保证项目成功的条件。我接触的众多创业者中，不少创业者都是不善言辞、不注重打扮的，但是他们提供的项目却让投资人和用户信服，愿意投资和购买这些他们提供的产品和服务，这才是创始人需要去修炼的核心能力。外在表现只是加分项，但是在创业时期请注意坚持不断提升你项目产品和服务的说服力。

误区三：投入过多精力去弥补不足，但是却忽略了发挥自身优势

创始人在创业过程中，会不断地反省自身以及项目的不足，但是本书建议创始人不要用过多的精力去弥补自身在创业中的不足，而忽略了发挥自身的能力优势。在能够找到合适的创业合伙人以各取所长的情况下，创始人在创业中需要集中更多的时间、精力投入到如何发掘自身优势，并且将自身优势与创业项目结合上，以推动项目的发展。

第 2 章

找准创业方向，你就成功了一半

无论你有多么高明的点子，如果不能转化为真正落地的实践方法，它对你而言就一文不值。

工具 5　创业点子评估矩阵

不管何种身份地位和年龄，当一个人有创业冲动的时候，刚开始也只是一个想法或者思想的触动。在信息爆炸的今天，你在网络上用搜索引擎输入“创业点子”，会出现大量的信息，因此即使你不能靠自己的想象力每天提供一个创业点子，也会以极其简便的方式每天搜集和整理一个创业点子。那如何挑选这些创业点子呢？本书认为在这一阶段，为了提高你对创业点子实用性的判断力，可以尝试利用本书设计的创业点子判断矩阵。

本书对该判断矩阵做一个说明。首先，你需要考察创业点子的两个维度：兴趣驱动力和实用性驱动力。为何需要优先考虑这两个因素呢？因为这两个因素可以把你的创业点子转化成为创业项目的核心动力。**兴趣驱动因素从内在驱动你持续不断地思考和实践，并且在遇到诸多挑战的时候还能有心理驱动力和自我激励效应。实用性驱动力是外在因素：你**

的创业服务和产品是能够满足别人需要的，是有价值转化能力的，有价值意味着产品或者服务能够产生收益，收益是你持续创业的物质保障。

其次，你将这两个维度——兴趣驱动性和实用性驱动性分别作为纵轴和横轴，画一个四象限矩阵，如图 2－1 所示。图中的横轴是兴趣驱动性，从左到右依次表示你对这个创业点子的兴趣从低到高；纵轴是实用驱动性，从下到上依次表示你对这个创业点子的实用性评估分值从低到高。

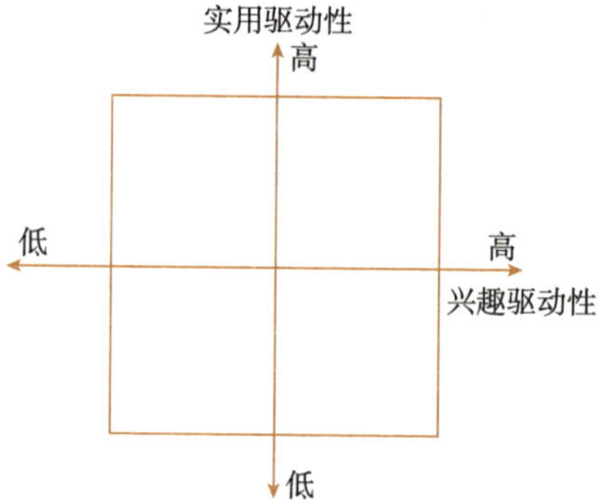

图 2－1　创业点子评估矩阵

在画出模型后，你肯定会问：那我如何去给他们评分呢，又没有统一的评分标准？是的，的确是没有评分标准，我建议大家结合自身经验和创业点子情况来评分。此刻你利用这个模型，是不是比你根据某个复杂的评估模型清单一题题选择或者评分更易于操作和清晰了呢？很多评估模型都是在一个假设上，就是你在形成创业点子阶段就已经非常了解你的项目，如盈利性、客户等，但是这与你的真实情况可能是有差距的。因为你在创业点子形成阶段，并没有想清楚你的盈利模式和客户定位等商业要素。故本书建议在这个阶段，找到最核心的评估维度，是你能够顺利将创业点子转化为商业价值的第一步。

最后，你需要从两个维度对创业点子打分，看看这个点子落在哪个象限。对你来说，假设某一个创业点子落在了第一象限，在这个象限中兴趣驱动性和实用驱动性的评分都非常高，那么该创业点子是适合转化为商业创意的。你可能会反驳说，那没有客观评分标准，我怎么知道我当时评价很高的项目一定能成功呢？这里我认为你可以换个思维方式考虑这个问题。在现阶段，你只有一个创业点子，无论做如何复杂的分析，你的项目基本商业模式都没有形成，这也无法保证你的创业项目就一定能成功。但是两个基本的驱动力简化了你在这个阶段的判断标准，而且将会贯彻你的创业全周期，这是你创业成功的核心要素。如果连这两个核心的因素都无法保障，那么整个创业的过程会很难坚持下去。

因此，我建议在这个阶段，你可以去繁就简，将最核心的两个因素——兴趣驱动性和实用驱动性做参考，这样能够提高判断效率，理清头绪并尽快进入创业筹备的下一个阶段。

案例 1

名牌大学本科毕业后，他居然选择了改造快递盒子作为创业项目

在某次绿色环保公益活动上，我遇到了校友小 P。他跟我描述当时他正在脱产运作一个带公益色彩的创业项目。这个项目将各种规格的快递盒子循环再利用，变成工艺品。目前他已经通过互联网合作的方式雇用了外地的两位兼职设计师，设计出了一些盒子工艺品的制作方式和效果图案，并尝试与大型电商和一些产品制造企业合作。

小 P 通过市场调研发现，现在互联网购物人数增长很快，随之而来的是数量急剧增加的各式尺寸的瓦楞纸盒子在网购买家手里堆积。这些快递盒子没有漂亮的外观和实用性，买家重复利用的可能性非常小，并且快递员不会主动回收这些纸盒子，因此造成一种资源性的浪费。

小 P 认为可以通过两个途径增加纸盒子的回收再利用性。首先，增加纸盒子对买家的附加功能。方法是在快递纸盒上设计一些手工剪切线，并且随着货物一起附上一张纸盒手工制作说明卡，让买家能够通过盒子上面的标记和手工制作卡轻松地将纸盒子改造成为一个手工艺品，如创意花瓶和书架等。这样既能够实现重复利用，又能够体现出卖家的品

牌独特性。其次，回收纸盒子，通过设计改造为各种创意物品，参加公益展览，如组成恐龙或者变形金刚等大型展品，传播循环利用的理念以及小 P 设计公司的品牌。由于纸盒回收难度不大并且原材料充足，因此这个项目既有可持续性，又有盈利性。小 P 打算通过与大电商和购物平台的各种商家合作，通过植入快递或者货物商品盒子再利用的方式，达到推广这些合作企业的品牌目的。

说起创业的因缘，小 P 在学校里参加了一个世界规模大学生的社会创业创新活动，当时小 P 是这个项目团队的负责人。项目结束后，小 P 也一直坚持创业的想法，甚至放弃了名牌大学重点专业的就业机会。

小 P 在城市南边租了间办公室，注册了公司，在公园或者其他展会上策划和操作一场场个性盒子秀。在这些展会上，盒子变成了一个个玩具，甚至一个个大型模型，非常具有创意。在刚成立这家初创公司的时候，小 P 遇到过种子投资人资金没有及时到位、市场开发等各式挑战，但是小 P 咬牙坚持了下来，公司也逐渐朝个性设计定制方向发展。后来，小 P 与一些大型电商和企业开展了合作，申请到了几笔公益基金和创业种子投资。

戴着一副黑框眼镜的小 P 一看就充满了书生之气，但内心对创业想法却非常认同和坚持。

后来我们因为工作和生活，将近1年多鲜有联系，他也没有再发朋友圈。不过，最近小P的朋友圈又开始晒他的团队参加某个展会的站台布置图片，快递盒子做成的霸王龙特别威武。小P因为项目的环保公益性申请到了世界某个非政府组织基金会的项目资助，相信小P的企业还有更大的发展空间。

就算再小的创业点子，认准了就能一直坚持下去，这就是创业。

案例2

从美国到中国，这位创业者半想半实践的100个创业想法

某一位商业泰斗在自传里写到，自己还在美国留学的时候，满脑子都想着赚钱，每天在本子上记下一个赚钱的想法，足足写了500多个。这个做法会逼着创业者开动脑筋，不断琢磨创业项目。这个案例中的这位创始人也一样，在他近40年的岁月中形成了不下100个创业的想法。

和任何一位优秀的中国留学生一样，他进入了国内重点大学，然后考入美国的重点大学，优秀能干，高智商。也不知道他从哪一刻开始，决定走上充满挑战的创业之路，心中创业想法奔腾。在他形成的众多创业想法中，大部分因为资

源与条件的限制无法实现，但是总会有一些想法是可以实际落地的。他将这些想法一一落地实践，屡败屡战，越战越勇。

据说他在美国某知名大学毕业后经历了短暂的工作期，放弃了高薪工作，然后就投身于创业。他是学信息技术出身，从美国到中国反复创业。从结婚到三个孩子出生长大，一个项目接着一个项目，他创业的脚步从未停歇过。

这些项目有融到资的，有血本无归的。中国的开发人员成本比在美国的低，他在中国开发互联网社交平台的开源插件小程序。美国的硅谷孵化基地高涨，他又回到美国发起项目。

多年以后，他的项目有赚也有赔，整体收支目前看来还比较平衡，但也没有赚到大钱。最新的一个项目是网络社交群组云平台 APP，他已经融了资，带着团队在国内安营扎寨了。

很多创业者够优秀，但创业的艰辛是无论智商多高的人都要面对的。创业者能否坚持不懈，屡败屡战，越挫越勇呢？这就不是靠智商能实现的了。

案例分析

本节中列举了两个创业企业案例，采用创业点子判断矩阵来分析两个案例中的兴趣驱动性和实用驱动性结果如

图2－2所示。案例1的创业者创业点子是纸盒转化为设计产品，该产品对于创业者而言是兴趣驱动性非常高的创业点子，但是快递纸盒作为设计产品在市面上的实用性有限，因此该点子的实用驱动性较低。案例2中的创始人并没有从实用驱动性和兴趣驱动性等方面出发，而是头脑风暴式地构思创业点子。如果创业者一开始对自己兴趣和创业点子的实用性有认真分析和体会，就不需要连续构思上百个创业点子而落地实施的却寥寥无几了，因此案例2在这两个维度上得分都较低。通过案例2我们也可以知道，如果对创业点子没有经过初步的分析，创业点子转化成为商业创意的效率是较低的。

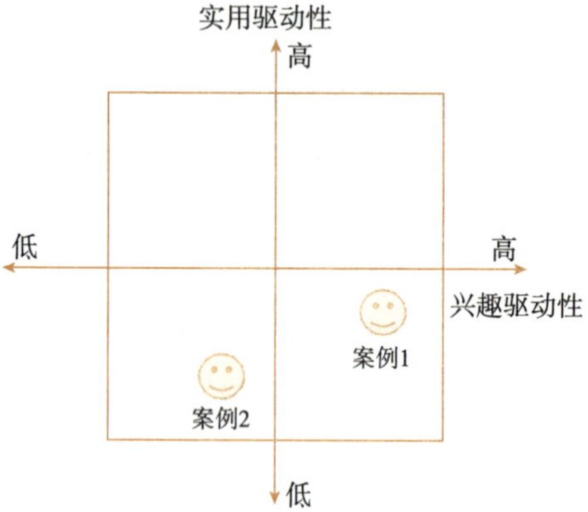

图2－2　本节案例创业点子评估矩阵

从今天开始我要创业！
先构思一个
创业点子！
孙小草　普通白领
从书上及网上
疯狂搜集各类
创业点子
…已经是第999个！
最近都在搜集点子，
但是什么才是适合
我的创业呢？
??
仍然一头雾水

工具6　商业创意基本要素金字塔

形成一个有趣的创业点子只是你创业项目的萌芽阶段，这个项目能否生根、开花，还必须考察和挖掘该创业点子商业化的基本要素。创业者分析和筛选创业点子中的商业特征的过程就是从创业点子到商业创意的转化过程。在创业初期，创业者对未来有非常多的不确定性，而商业创意也具有多个复杂的特征，哪些是创业者必须掌握的基本要素呢？本书为大家设计了一个商业创意要素金字塔，供初创者在这个阶段使用。

在这个金字塔模型中，本书将商业要素转化过程主要分为五个步骤：定义用户及用户需求点、确定市场及供需分析、市场影响因素分析、产品/服务特性界定和风险投资决策。这五个部分与商业项目的基本属性紧密结合，也是众多商业特性中需要思考的核心问题。通过金字塔从下往上排列的顺序和面积大小，创业者可以确定从创业点子到商业创意转化中

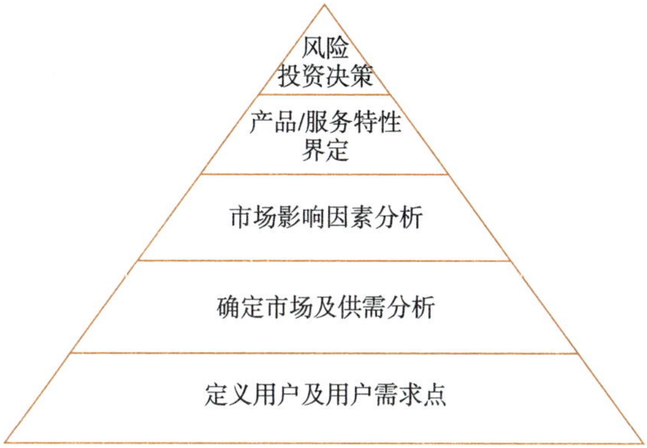

图 2－3　商业创意基本要素金字塔

所需要解决的问题顺序。

（1）定义用户及用户需求点

定义用户及用户需求点是商业创意转化的第一步。这一步主要解决下列问题：明确你的创业项目是针对哪类客户群体的什么需求，这是最基本的核心问题。在这个思考过程中，建议创业者不要给自己太大压力，先思考有没有用户及满足用户什么需求，至于用户规模多大和需求能产生多大的价值，可以暂时不用考虑。

（2）确定市场及供需分析

这一步的主要目标在于让创业者开动脑筋，思考所提出的创业点子在整个行业价值链中的位置，包括下列两个方面：一是创业者从整体上理清楚想要做的项目与上下游企业的关系，只有这样才能确定企业相关利益方，并以此探寻利用行业的价值链来实现利润最大化的方法；二是了解企业所在行业价值链上的同类企业有哪些，以及这些企业的产品、服务及规模，判断竞争者的情况。这一步其实是让创业者去做一个市场调研，并且形成自己的初步判断。

（3）市场影响因素分析

这一步你需要做的是调研判断影响你项目成败的两类市场因素：驱动因素和抑制因素。驱动因素是指创业项目所在市场中的哪些因素会促进创业项目发展；而抑制因素是指创业项目所在市场中有哪些项目会抑制创业项目发展。影响创业者调研难易度的一个前提是创业项目处在传统市场还是新兴市场。传统市场中相应市场的驱动因素和抑制因素都已经有非常成熟的经验模式和被市场验证的数据分析，创业者可以跟进这些模式和分析的最新进展。而面对新兴市场，没有可供参考的成熟模型和理论，需要结合现实情况和形势变化进行分析。创业者是否具备战略性的眼光在这个阶段也会得到检验。

（4）产品和服务特性界定

经过上面的三个步骤分析之后，初次创业者已经对整个项目所在商业环境有一定的了解，市场环境和用户定位需求是否与你的产品特性能够结合呢？你提出的创业点子中定义的产品和服务是否能够填补市场空白，或者改善现有市场中此类产品、服务供不应求的现象？你需要开始思考你的产品、服务具有哪些特性，这些特性最好是正向的，就是对你的产品、服务推广和销售有帮助。你先有个自我分析，才能在日后实际市场推广营销中进行检验。随着创业者的知识经验逐步积累，创业项日的产品和服务的特性会发生变化，因此创业者需要随时对产品和服务进行不断改善。

（5）风险投资决策

创业初期的第一笔项目启动资金一般是你的储蓄存款或家人给你提供的无息借款，以及投资种子轮及天使轮的投资机构或投资人的基金。如果在此阶段你需要用你的商业创意去获取投资人的青睐，那么你就需要对你的商业创意进行梳理。因为每一位投资人都阅项目无数，你在没有项目实践结果的前提下，如何能够用一个创业想法说服他们，是一个比较大的挑战。

当你根据这五个方面的步骤来梳理后，你的项目其实解决了下列问题：用户需求界定、产品服务市场界定、市场现状调研、产品/服务特性界定和资金来源界定。不过我建议你在这个阶段以头脑风暴的方式理出每一个商业创意转化要素，梳理的过程不要去思考每个要素是否能够真正实现，而是要大胆地罗列出来。这样在后续项目落地的过程中，你才会有方向去实践这些可能性，并且会不断修正甚至推翻你现在的评估，最后逐渐形成你的完整商业运营模式。创业不是一步到位的工作，这个阶段有的创业者通过一两天就能完成，有的创业者得通过几个月甚至更长的时间去探索。创业项目千差万别，这个投入的时间长度没有可比性和标准化界定。

案例 1

他提出的创业创意自然界居然根本不存在！
某个创业项目路演沙龙上的“伪科学者”

在某个机构办的项目路演会上，我遇到了这么一位“创业者”。

在这场路演会上，每位创业者都有 10 分钟左右展示他们的项目。他年过半百，站在台上滔滔不绝地介绍他的项目。他做的 PPT 有十多页，每页都密密麻麻布满了 14 号大小的宋体字。偶尔会有一张图片，展示他的项目产品制造原型。

我佩服他展示自己项目的勇气，因为他介绍的是一种违反了自然定律的机械。

他介绍的是一款锅炉设计，但这是一款被称为“永动机”的自然界不会存在的机器。在这款机器中，他设想利用发动机内部的气体压力将下部水裂解为氢气和氧气，氢气和氧气又在机器上部混合燃烧生成水，达到物质循环。在机器下部用燃料加热到“水可以裂解的温度”，然后上部氢气和氧气合成水放出大量热驱动发动机做功，达到能量循环。

稍微有一些物理知识的听众都会知道，他的发明是无法实现的，因为他提出的是一种违背自然客观规律的，在自然界中称为“永动机”般的发明。永动机是一类所谓不需外界输入能源、能量或在仅有一个热源的条件下便能够不断运动并且对外做功的机械。不消耗能量而能永远对外做功的机器违反了能量守恒定律，故称为“第一类永动机”。在没有温度差的情况下，从自然界中的海水或空气中不断吸取热量而使之连续地转变为机械能的机器违反了热力学第二定律，故称为“第二类永动机”。这两类永动机违反当前客观科学规律的概念，是无法被制造出来的。

在这样的一个路演会上，他就如同众多产品中的一支异色的独奏曲，当这首歌曲被弹奏起来的时候是这么离经叛道，让人有一种与众不同但是又蹊跷莫名的不协调感。

他被主持人提醒了 2 次之后，总算结束了这场奇特的演讲。这个路演沙龙的主持人保持了应有的礼貌，没有当着众多观众对他的荒唐想法提出任何评论。

大千世界，无奇不有。他是基于怎样的知识基础，构建出这样一款机器，并且说服自己以此来创业的，我不得而知。

撇开“伪科学”不谈，创业者就是这样，全世界都无法被说服的时候，至少他说服了他自己。

案例 2

原来的项目破产之后，他成为吐鲁番的葡萄园主人

一次在新疆出差，我们在吐鲁番地区长途跋涉的时候，越野车驶入了一片葡萄园。

时值 8 月，正是新疆著名的吐鲁番葡萄开始结果的时候。

几百亩的葡萄藤就在这块广阔的土地上生长开花，然后结出一串串饱满的果实。这块土地中蕴含的养分、矿物质及昼夜明显的温差，让这里的葡萄甜如蜜，声名远扬。

这次开车的是一个项目的老总，他带着我们走进了葡萄园，一位中年男人迎了出来，他是这个葡萄园的园主。寒暄之后，他介绍现在正是新疆的葡萄味道最好的时候，等入了 9 月葡萄就会甜得挂糖霜，吃起来甜到难以下咽。然后邀请大家在葡萄园里逛逛。

这里的葡萄太饱满了，一串青色的马奶葡萄估计有近 10 斤，抱起来像刚出生的娃娃那么沉。酒红色的无籽葡萄个头没有这么大，但是如同美丽的红色琉璃球一样，点缀着这片绿色的世界。

时间短暂，大家要继续赶路。项目老总边开车边说，这位葡萄园主之前并不是果农，也不是新疆人，当年他带着家当来新疆售卖电机，结果赔得血本无归。在走投无路的时候，这位项目老总资助了他，让他东山再起。这葡萄园就是他东山再起后的创业项目。

现在回想起来，这甘甜如怡的吐鲁番葡萄背后，流着多少葡萄园主的汗水，还有一种至今回想是多么难能可贵的创业精神。当年他在异乡生意失败的时候，肯定面临着一种艰难的抉择，要么灰溜溜地回到家乡，要么继续留在新疆。无论哪种情况，他都将面临自己人生中一个巨大的挑战。走投无路的时候，那种绝望却被一种不甘心给替代。后来遇到了这位给他资金的贵人老总，让他进入了一个之前完全不熟悉的领域：葡萄种植。但是如果没有他的坚持和之前的努力，这种幸运也不可能出现。虽然他能够在新疆再次得到创业的机遇，但是葡萄种植对于当时的他而言也是非常陌生的项目，是他抱着不服输的精神，中间不知道吃了多少苦，才把他的葡萄园耕种成了今天的规模。

就是这种强烈的不甘心，让创业者在被打败后，经历过失望、无助、悲伤、愤怒，还能坚持到下一次创业成功。

案例分析

本书通过上面两个案例来说说创业点子到商业创意的转化。案例1中的项目分享者其实也是分享了一个创业点子，这个点子甚至是不符合自然规律的。如果这样的创业点子不经过逻辑思考就展示给听众，也只能作为一个玩笑，无法进行任何商业化的过程。案例2中的葡萄园主人之前的经营项目是做水电站机械设备，但是在遇到项目落地瓶颈之后，他的项目失败了，为了生存，他思考并实施了一个新的创业项目。基于新疆吐鲁番盛产葡萄，有很好的品牌和市场需求，他开始做葡萄园生意，最后发展成为另外一个比较成功的创业项目。我不太了解他之前的机械生意为何做不下去，但是根据我的理解，水轮机械销售渠道及在新疆境内水电站建设容量有限，也就是他的市场客户有限，同行竞争又比较激烈，导致他的创业失败。吐鲁番葡萄比水轮机械有更广阔的市场和用户，而且有品牌知名度和质量上乘等特性，因此他决定转化创业项目，并且发展至今。

结合本节提供的商业创意基本要素金字塔，我对案例2的分析如下。

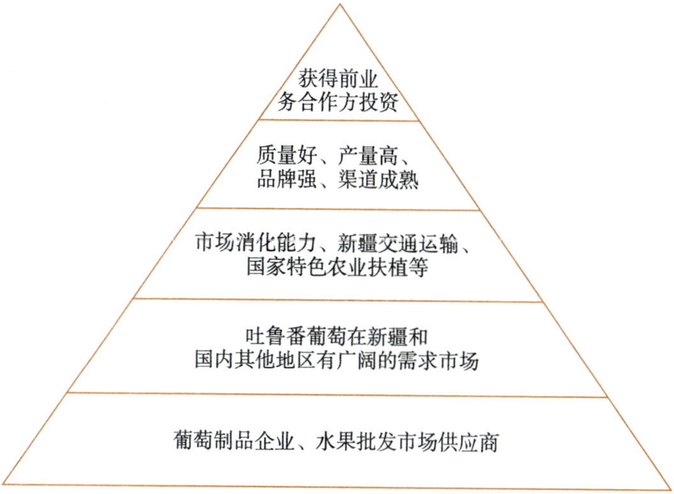

图 2－4　案例商业创意基本要素金字塔分析

太好了！我想到一个
绝佳的创业点子！

=?
让我把创业点子变
成商业创意！

工具 7　商业创意初步评估表

经过创业点子到商业创意的转化后，创始人已经对项目商业创意有了比较全面的认识，接下来我建议创始人根据本节提供的商业创意初步评估评分表对商业创意进行一次评分。

为何需要做这样一次评估呢？**因为在创业点子到商业创意的转化过程中，创始人经过信息搜集、调研和思考，其实已经形成了商业创意的初步评价。利用商业创意初步评估表将这些评价简单量化并且记录下来，有助于后期针对项目转化不同阶段留下评估结果，这些评估结果有利于创始人比较项目发展中的变化，并且更好地思考如何精进项目。**

对创业者来说，商业创意也是一项从无到有的创新性发现，借鉴对创意的评估因素，我为大家提供下列评估评分表。

表2-1 商业创意评估表

	完全不可行	比较不可行	不确定	比较可行	完全可行
得分	1	2	3	4	5
产品/服务可行性					
市场可行性					
组织可行性					
财务可行性					
总体评价					

上述评分表分为五个维度：产品/服务可行性、市场可行性、组织可行性、财务可行性及总体评价。这五个维度的内容与上一节中从创业点子到商业创意转化的考虑维度有一致性。

为了更全面地记录下对商业创意的评估，我将这五个部分细分为下列子维度，你可以在每一个大的维度下对细分维度进行分别评分。

（1）产品/服务可行性

A. 产品/服务是否具有合理性：即是指产品/服务是可以生产的，没有违反常理及国家规定。

B. 产品/服务是否满足客户需求：即是指产品/服务是针对某一客户群体设计的并能够满足客户需求。

（2）市场可行性

A. 产品/服务具有一定的市场：即是指产品/服务市场是已经存在的或者未来即将存在的。

B. 产品/服务具有一定进入市场的时机：即是指产品/服务能够抓住市场时机给创始人带来收益。

（3）组织可行性

A. 创业项目具有一些资源：即是创业项目目前掌握了某些资源，如发明、渠道、技术、产品、人员等。

B. 创业项目目前有团队：即是创业项目目前有落地的团队。

（4）财务可行性

A. 创业项目有初步投入资金规划：即是创业项目评估过下一步需要投入的资金情况。

B. 创业项目有获取初步资金投入的方式：即是创业项目能够筹集初步投入资金或者已经筹备初步投入的资金。

（5）总体评价

A. 创始人对商业创意可产生的创业项目具有一定的认识。

B. 项目初步推进条件具备。

再次提醒创业者，这一阶段的商业创意评估得分是你在筹备阶段对自己面临状况的一种梳理，而非对你的项目定论。项目在初创期，由于市场、渠道和产品技术尚未成熟，用户市场还在认知培养阶段，这个时候也许创始人对自己商业创意的评估分数不会很高，但是这只是代表你现在创意面临的真实情况，也代表一个基本的现实：你也许暂时并不知道市场和客户在哪儿。如果是这种结果，我建议你先将商业创意放一放，思考一下如何提升商业创意的可落地性；如果你得到的结论是，现在不具有创业产品/服务市场，那么请继续思考如何调整产品/服务市场定位和关注相关信息。如果你在这个阶段对项目评分很高，那么我建议也要冷静看待你的项目，因为这个阶段是评估你商业创意中的主要维度，可以让你更好地推进项目落地。在后续项目落地的过程中，除这几个维度之外，还会有其他各种挑战需要你的判断，所以请保持一种自信和客观的态度对待这个阶段的评估结果。

案例 1

这款 APP 主打儿童网上绘画社交，但忽略了商业模式，最后失败了

我有位朋友曾在一个儿童绘画社交 APP 创业项目负责市场运营。

这个 APP 项目的立项算是在传统纸媒向互联网的变革中推动的。某国营出版社在互联网潮流下需要转型，负责人一拍即合，想到了利用其在文艺领域的媒体优势搭建一个儿童绘画社交平台，配合出版社出版的儿童绘画刊物，联合开发

儿童绘画产业市场。据说出版社高层投了几百万元，项目由一位出版社管理层统领，招兵买马并开了办公室，开始运作起来。

在这个 APP 上，喜欢绘画的少年儿童能够用自己或者父母的手机轻松拍摄自己的绘画作品并实现一键上传；同时这个 APP 有社交功能：用户们可以加好友，参加 APP 举办的各种有奖征集互动活动，还能参与讨论等。

这个创业想法是美好的，但最后用户量和活跃度都不理想，项目持续了一段时间之后黯然关停。这个创业项目为何失败了呢？我分析了一下，主要有以下几个原因：

首先，该项目错误地估计了潜在用户和市场容量。儿童教育社交市场的付费用户不是儿童，而是这些儿童的家长。这款 APP 可以使儿童上传画作和社交，却没有思考过如何抓住家长的心。此外，国内对画画感兴趣的儿童数量并不庞大或者具有潜在增长爆发力，需要用 APP 上传自己绘画的用户比例就更小了。用这款 APP 进行绘画社交并不是对绘画有兴趣的儿童用户的刚需。

其次，这款 APP 假设的用户使用环境是不成立的。这个项目创始人假设儿童或者家长能够利用 APP 更便捷地进行绘画兴趣社交，实际上家长并不会给儿童用手机。如果我是家长，我肯定不让自己的孩子玩手机耽误学习，更别提给儿童购买智能手机了。

再次，这款 APP 的用户体验并不是很好。我下载过这款 APP，打开之后，发现界面略显粗糙，下面是实时更换的儿童绘画自拍图片，上面是邀请上传的按钮，在另外一个界面是各种活动。这些活动的内容也非常简单。整个 APP 的设计界面不够简洁，也没有诱导用户操作的指示，而且界面的色调也不够活泼，卡通元素不多，很难吸引儿童用户。

最后，这个项目的负责人缺乏经验。据悉，项目负责人因为自己是编辑，对 APP 内发布的各种帖子内容要求很高，却忽略了产品的市场推广。在运营中，市场推广战略目标不明确，导致市场营销宣传方面走了很多弯路。我那位朋友激情满满地做了一些推广事件营销，并且尝试联系了一个全国范围内的儿童绘画比赛主办方，争取到了合作之后，却因为项目负责人的反对，导致这次合作没有办法顺利推进。

这是一个用户痛点没有抓准的项目，教训显而易见：创业项目抓住的用户痛点经不起考量的时候，千万不要盲目投入大量资源上马项目。

案例 2

大学时候就迷上了烘焙，毕业后他把烘焙的兴趣转换为创业项目

有这么一个男生，他对烘焙非常感兴趣。

甜品店里出售的各种面包和点心，吃起来美味可口，做起来却不容易。烘焙绝对是需要大量时间和物质投入的爱好。这位男生却乐此不疲。

首先，烘焙需要投入资金购买各式器具。我们眼中的马卡龙、泡芙、面包，各式卷状和球形蛋糕，都是购买各种小巧的器具和烘焙专用容器制作而成的。更别提多功能烤箱、搅拌器、各种碗容器等，必须得准备齐全。

其次，烘焙需要比较高端的材料。光面粉就分为好多种，配料需要进口的淡奶油和不含反式脂肪的天然黄油，各种果酱、巧克力酱料、鸡蛋、水果、糖……食材肯定占了大部分成本。

最后，就是时间。蛋挞看起来小巧精致，但据说蛋挞的酥皮需要花费两三个小时去制作，才能呈现出一层层的口感，更别提制作蛋液和烘焙成品的时间。一个面包从发酵到烘焙出品的制作时间达到几个小时是常事。

这位男生克服了上面三大挑战，投入大量热情和精力到

自己喜欢的烘焙上。但他并不是一个只会闷声不响钻研烘焙的人，那个时候微博还是主要的传播新媒体，他不断在论坛和微博上展示自己的烘焙成果和操作心得。

由于大家都喜欢美味的点心，对如何制作出这些西点也充满了好奇，很多有能力并对烘焙感兴趣的人也需要看到具有可行性的指导，因此他的名气逐渐大了起来，围绕在他身边的粉丝越来越多。

最后，他作为烘焙界的知名博主，出版了几本烘焙书，上了美食节目，开了烘焙培训班。这些商业活动让他得到了收益，并且最终他将烘焙变成了自己的职业。

创始人如果找不到好的项目，就从自身的兴趣开始思考吧。如果经过评估，你的兴趣能够对别人产生影响并且能够满足别人的需求，就尝试着将其做成商业化项目吧。

案例分析

在案例 1 中，如果我对该商业创意进行初步评估，结果见表 2－2，可以看出儿童绘画社交 APP 项目是一个商业创意评估分数偏低的项目。在产品和服务方面，这款 APP 希望通过儿童绘画之后拍照上传的方式，以及在 APP 平台中交流探讨自己的作品，实现人气积累和广告的投放。但是这款 APP 忽略了用户量的评估，大量的儿童在生活中绝大多数时间无法接触到手机，而且中国家庭给低年级甚至学前儿童配备手机的概率还是很小的。潜在客户群体基数小，而客户中愿意拍照分享画作的比例也不高，因此真实客户的量非常有限。

在市场方面，APP 用户通过拍照上传到软件分享平台中，只是起到展示作用，这个展示并不会给 APP 用户和创业者带来效益。创业者依靠的还是以 APP 的活跃用户量带来的广告或者之后针对需要提供更多服务的会员用户来实现收益，然而上传展示儿童画和平台交流并没有积累大量人气，所以创收的可行性不高。

项目创始人之前融到几百万元的天使投资，因此对于创业项目来说，财务具有较高的可行性。而且他们也有经费组建一个团队。综合项目生存和发展的动力，这款 APP 提供的是伪用户需求，上线之后创始人团队尝试开展了多方面的事件营销和内容传播，但最后均控制不住项目走向失败的局面。

项目创始人在创业伊始，常常对好不容易得到的商业创意自信满满，跃跃欲试，但是如果没有对商业创意的主要商业属性做一些可行性的思考，后续项目推进过程中忽略这些基本问题的解决，就会对创业项目的推进产生直接的影响。

表 2－2　案例商业创意评估表

	完全不可行	比较不可行	不确定	比较可行	完全可行
得分	1	2	3	4	5
产品/服务可行性		√			
市场可行性		√			
组织可行性			√		
财务可行性				√	
总体评价		√			

让我来探索下我的创业商业创意，看看亮点有哪些！

工具8　创业心理建设——过河游戏

这一节谈创始人心理建设问题，很多创业书籍会忽略创始人的心理建设，但**基于创业是一份非常具有挑战性的任务，我建议创始人从筹备创业阶段就开始做核心团队的心理建设**。

根据现在普遍的见解，我认为创业中创始人的心理建设存在两个误区：

其一，目前网上大量的文章总结归纳了创始人应该具备的成功心理素质。如自信、急迫感、脚踏实地、掌控欲、激情、喜欢迎接挑战等，似乎拥有这些正向的心理素质特征才是成功的创业者。但细细一分析，如果一个人能够同时拥有这些心理特质，那这个人不只在创业上，在生活各方面都能取得成功，因为这些文章提出的创业者心理素质是一套完美的心理素质体系，而每位创业者的性格特点千差万别，不可能用简单的完美性格特性就概括所有创业者的心理素质。

其二，一些文章提供了这样的观点：创业就是要有忘我的激情、克服万难的决心。决心、激情就是制胜的法宝。我认为，激情能持续一段时间，但是创业是一个长久的过程。比起心理素质，激情更像一种有限的情感资产，这种资产会随着创业的推进过程而逐渐消耗。让创业者持续保持激情就是每天通过自我提示和自我鼓舞给自己打气，我不建议采用这种方式，因为创业者非常忙碌，而且这种方式是以"自我"为视角去看创业，自我是否充满激情对现实生活中创业遇到的问题是否能够合理解决没有直接的关联。

同时，上述总结的这两类文章只是描述了成功心理素质，如何做心理建设依然让创始人一头雾水。创始人肯定能够分别什么是好的心理素质，但是我相信他们更需要一种简单的做心理建设的方法。

心理建设离不开"建设"的过程，创始人需要对自我心理做客观的分析，并进行思考和梳理。为了帮助创业者更好地开展自我心理建设，本书化繁就简，为大家引入一个简单的游戏：过河游戏。

一位商业大佬说过，创业不是从一个起点到另外一个终点的过程，而更像是从河的一侧想办法渡过这条河，是一个面对面的过程。我得到下列两个启发：其一，创业者千差万别，不会有某一种固定的创业者形象；其二，创业者在实现创业目标的时候，不需要把目标缩小到一个点。大量案例表明，创业者在创业过程中，目标会发生修正，但是无论如何修正，都是围绕创业者的核心价值观开展的。这种思考模式就能激发创业者在创业初始阶段打开思路，努力寻找多个解决方案去实现自己的创业目标，而不会因为目标过于精准却面临诸多挑战而无法开展创业项目。

如何操作呢？创业者可以简单在白纸上画出下图。

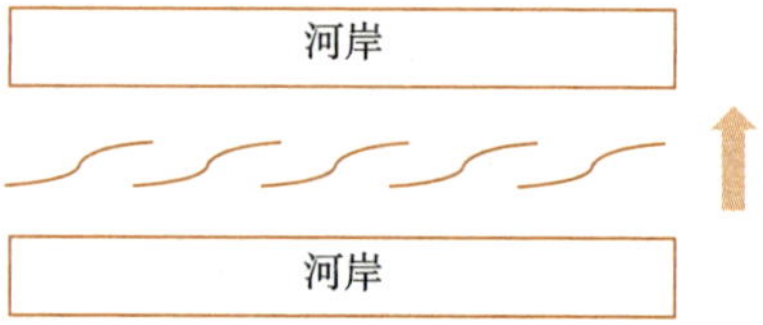

图 2－5　创业者心理建设游戏

创业者需要从河岸一侧想办法到达河岸的另外一侧。渡河的起点和终点可以任意选择；同时渡河的方式也可以随意选择，你可以假设通过乘船、搭桥、坐飞机、游泳等方式过河。这里每个游戏元素包含的意思是：河岸有不同的出发点，代表你心目中的创业机会在起步的时候可以在不同时间、不同场所以不同事件/方式开始；渡河工具的不同代表着你达到创业目标的方式不同，有的工具让你渡河比较快，而有的方式比较慢；你可以通过不同位置登陆到河对岸，代表着你的创业机会的量化目标是一致的，但是最后你评估该目标的方式是多种多样的。

了解到这个游戏中各元素的表达意义之后，你可以进入体验游戏的环节。你首先要树立一个可以量化的创业目标（终点河岸）。例如，你的创业项目 1 年后需要达到 10000 个有效用户等。然后，梳理下你目前的状况（起点河岸），如你的创业项目才完成第一次商业创意评估，一切都没有开始。接着，你把这些情况填写到图片的相应位置，现状与目标之间的距离代表着你需要渡过的河流（创业之路）。下一步，你需要进行头脑风暴，构思各种渡河方法。例如，你可以大胆想象借助媒体营销的方式吸引用户，或通过建立微信公众账号及微信群等新媒体方式，或通过展会、博览会等线下展示方式，以实现 1 年后的创业目标。你需要拓展思路，不要局限于现状。例如，你的渡河方式之一是利用新媒体营销的方式，那就先不要考虑你是否认识任何新媒体营销机构，或是否建立一个属于项目的新媒体账号。你可以将所有的渡河手段都填到河流中央，这样更加直观一些。

那玩这个游戏如何达到创业心理建设的目的呢？首先，创业者在筹备阶段还未形成对商业创意非常清晰的认识，那对于未知因素，创业者潜意识里是迷惘甚至是有一些恐惧的。通过玩过河游戏，创业者能够梳理现状与创业目标间的差距，并且头脑风暴各种实现目标的方式。将这些想法直观化，能够帮助创业者更好地认清现状，并增加创业者更多的信心。其次，创业者在梳理这些信息的过程中，也对个人的能力有一个锻炼，分析能力、发散思维和总结归纳的能力也能够得到提升。同时，创业者对情况的梳理也让创业者在内心提前做好应对未来可能遇到的各种问题的准备，让创业者提升心理应对能力。

案例 1

这家店铺不断变换主打产品，一年之后终于……

这家迷你店铺位于一片寸土寸金的土地上，说它迷你是因为整个店铺只有 10 平方米左右。在一排店铺中，它如同狭缝中存活的一棵小草，柔弱而又充满了要以小搏大的勇气。

上下班匆匆而过，没有注意到这家店铺，突然有一天发现这家店铺门口排满了人，长长的队伍仿佛要横截了整个马路。我停下来好奇地张望，发现这家小店的招牌上写着一款奶酪蛋糕的名字。很快另外一行字吸引了我，“买一送一”，售价 39 元。也就是说 18. 5 元就能买到一个家庭装奶酪蛋糕，当然受大家欢迎。

可是过了几天，这家小店“买一送一”的策略变成了八折优惠，队伍不见了。我想着他家的产品单一，而且奶酪蛋糕也不是什么爆品，没有优惠肯定销量下降。

当时，我不知道这只是开始……

过了一个月，有一天，我再次注意到这家小店，发现奶酪蛋糕换成了板栗饼。我想这么快就换了，快销品店就是这样吧……

接下来的一年内，这家小店更换了的产品有：内蒙古牦牛肉干、云南鲜花饼、北海道章鱼小丸子、台湾炭烧芝士面包、绿豆酥、奶茶、有机干果……每一种产品只售卖了一两个月，仿佛在一个舞台上跑龙套的演员们，一晃而过，不留痕迹。

我曾想这是一个土豪开的店，店主突发奇想做饮食售卖铺子，在核心地带开辟试验田，尝试各种商品。但我知道创业者不是活在游戏里，快消品行业门槛低，竞争现实而又残酷。

创业者如果选择不了合适的产品，或没有经过适当的市场调研，还是不要盲目开店吧。

案例 2

克服各种挑战，他们顺利拿下大学创业项目前五名并得到了展示机会

我读研的时候，我们学校有一个校内学生创新创业项目大赛，每年各系共有 1000 多个项目提交，最后获奖并且得到展示机会的项目也就那么二三十个。

那一年有两个系里的本科生找到我，说对我的研究课题——空间生命保障系统中的食用蛋白质供应系统搭建感兴趣，想把这个题目作为他们的创新比赛项目。那个时候对正在实验室二十四小时奋战的我而言，有了两个帮手，自然是很高兴的，我就答应了。

先是申报基金环节。每个系有一笔学校派发的项目启动资金 3000 元，这笔钱只派发给一个项目。这笔启动基金对学生而言是购买项目用品和材料的重要保证，每个系组织路演比赛来决定哪个项目获得这笔钱。路演完，这两个学生愤愤地来找我，说我们系一位大教授的学生走了捷径，这笔钱已经内定给他们的项目了，他们答辩后才知道。

接着，获得 3000 元的项目也在我们实验室进行实验，负责人是他们班的班长，优等生。从此大家共处一室，这争夺实验室设备和资源的过程激烈曲折。反正是设备优先让大教

授的项目用，教授优先给他们指导，甚至连试验台都优先给他们划地方。这两个学生在缺钱、缺实验用品和实验场地的前提下开始了他们的项目。大教授的项目负责人也屡次在言语中明嘲暗讽。

跟我做项目的学生忍气吞声，我也给他们做思想工作。

我还记得结项那天，他们和我在实验室后院的石凳上用定制的鱼缸搭建了一些饲养模型，我们在鱼缸里放上蚕和桑叶，配上白色日光灯，同时用展板展示了空间基地中密闭生命保障系统如何构建昆虫食用蛋白提供环境系统，图文并茂，打开灯普通的玻璃箱子散发出一种未来科技的光芒。

出结果了，他们兴奋地来找我，他们获得了本系前五名以及在学校展厅展出的机会，而那位大教授的学生项目则落选了。

创业者一开始就要面对缺钱、缺资源的局面，甚至要面对社会竞争的不公平，但挺过去，是金子总会发光。

案例分析

这两个案例创始人应对挑战的方法是迥异的，案例 1 的创业者并没有认清自己的起点和终点，所以变成了浅尝辄止的状态，频繁更换店铺的主营商品。案例 2 虽然讲述的是一个学校创业项目，但是这个项目在推进（渡河）的过程中并不简单，遭遇了一些挑战。创始人对现状和目标认识得比较清晰，同时中间一直在不断地尝试各种方法“渡河”，最后也实现了自己的创业目标。如果我用案例2来作为渡河游戏的主题，我会梳理出下列图片中的结果。

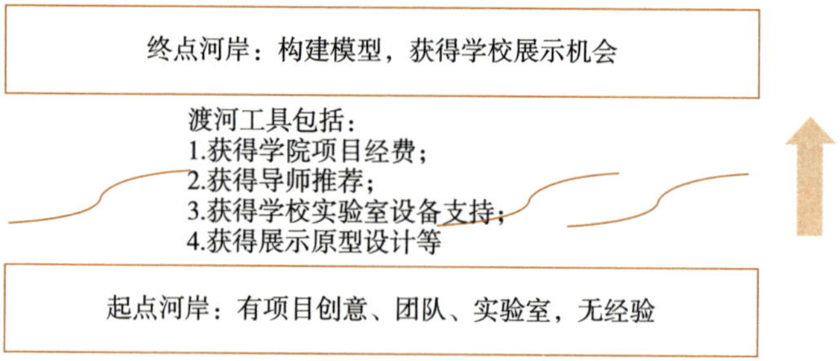

图2-6　案例创业者心理建设过河游戏分析

不管是超人还是船夫，创业都是努力才能到达对岸

创业筹备期必须避免的误区

创业筹备期，创业者需要衡量和判断创业点子，将创业点子与商业元素结合，变成一种可行的商业创意，同时调整心态，进入创业者的角色。创业者，尤其是初次创业者，在创业筹备期会存在一些误区，本节总结如下。

误区一：参考成功创业企业的模式，并完全复制

如今各行各业能够深挖的创新点有限，完全原创的商业创意已经不太可能找到，创始人在创业初期会参考与自己商业创意相似的成功创业公司模式，甚至完全复制为自己的项目模式。但建议创始人即使在一片红海中开展创业项目，也需要找到与其他同类项目的差异，进行差异化竞争。

误区二：在创业初期就想把所有人都定义为目标客户

创始人在初期常会认为自己的项目所提供的产品或者服务能够使尽可能多的用户受益。然而创业项目再好，评估的使用市场再广阔，也建议创始人对项目的客户和市场进行细分，不能把所有人都列为企业的目标客户群。确定适合的目标客户，专注为这批客户做好产品，让他们满意，才能有扩大客户范围的可能性。

误区三：紧跟创业偶像的步伐，过多参考成功企业家的意见

现在是一个信息爆炸的时代，创业成功的楷模层出不穷，但是创业者不要片面去理解和参考创业偶像们对外发表的创业言论。原因很简单：首先，成功不能复制；其次，这位创业偶像的成功是既定事实，你是基于结果推论原因，但是实际上这也许是万分之一的成功特例；最后，这些言论都经过修饰，你看到的并不是这些创业者的全貌。因此，在创业初期不能简单地复制创业偶像的成功经验，更不要将你通过各种媒体渠道看到的报道，当成是这位创业偶像在创业中付出的全部行动。建议创业者在分析创业成功案例的同时，全面了解信息，结合自身情况考虑创业策略。

误区四：创业是一种充满浪漫气息的行为

创业需要经受市场的检验，有统计表明，在新建的公司中，能够成功运营到第 10 年的仅有 2%。创业成功是一个小概率事件。建议创始人在创业筹备期，不仅要构思好自己的商业创意，更需要武装好自己的内心，做好应对多方挑战的心理准备。

误区五：创业理论主义化

创业和生活一样，本质上是一个不断坚持的实践过程。创始人刚开始的时候不要过多迷信创业理论，理论上可行并非一定能创业成功。创业理论也需要与创业者的实践相结合才能更好地发挥理论的指导作用。建议创始人在进行一次商业创意的构思和初步评估之后，要将商业创意转化为落地的创业行动，然后根据市场或者用户调研反馈及时修正商业创意和实践模式，基于实践结果不断迭代更新创业行动计划，做到理论和实践的紧密结合。

误区六：产品和服务过于追求概念上的突破

当下新出现的产业发展趋势，如智能化、环保绿色化等主题，一方面有政府扶持，另一方面社会舆论呼声高，创业者为了突出产品和服务的创新性可能会强调其在概念上贴近当下最新出现的趋势和政策导向。建议创业者在设计创业项目的时候，不要盲目追求最前沿的概念或者政策导向，更重要的是判断项目产品和服务的真正用户是谁，并且计算要体现“新”概念所必须付出的生产和制造成本及收益。

第3章

产品设计是创业项目的灵魂

创业者的产品包括实体产品和非实体服务等一切可以为创业者带来商业利益的输出。

工具9　创业产品构思流程图

创业产品设计是一项需要持续完善的工程。

在最初进行产品设计时，创业者需要考虑下列几个主要步骤：

（1）明确市场现状、需求和消费者观念。

（2）明确产品设计目标。

（3）明确设计方法和思维逻辑。

（4）明确达成目标的途径与策略。

（5）明确要运用哪些工具。

（6）明确设计必须遵从的原理和程序。

接下来，我对这些步骤进行详细的解释：

第一步，市场调查。很多创业项目会基于技术核心或者资源核心来设计创业产品，然而我建议大家在开始设计创业产品的时候就要以市场需求和消费者观念为产品设计的基本出发点。这需要创始人对目前市场上出现的同类产品开展调研。

图 3－1 创业产品构思流程图

第二步，产品是否能够满足消费者需求，取决于三个方面：一是要看产品是否满足消费者对产品的功能需求；二是看产品的外形或者交付形式是否符合消费者的认知；三是看产品的外观造型或交付体验是否满足消费者对舒适性、便捷性、经济性、实用性等的需求。

第三步，基于上述产品设计目标和用户需求，创业者需要形成初步的设计方法和思维逻辑，设计方法和思维逻辑是创业产品能够顺利实现的重要支持。这个时候我建议创业者们充分发挥创造性思维，大胆假设和想象，形成初步的设计方法和思维逻辑选择方案。如果创业者在这一步因为用户需求众多而产生大量构思，难以抉择，建议可以通过下列方式进行筛选：一是可以精简需求数量。头脑风暴出你的产品可能满足用户的多种需求后，对这些需求依赖度排序，选择排名前 3 位或者前 5 位的需求。二是对产品构思进行排序，选择排名前 3 位或者前 5 位的构思方案，然后重点对这几套方案进行评估。

第四步，创业者梳理出方案之后，需要思考实现产品的途径和策略。在产品构思阶段，这一步也可以大胆想象，充分发挥发散性思维。

第五步，思维如何落地的阶段。产品设计需要依靠工具来完成，这里的工具既有物理实体工具，又有理论工具和互联网等非物理实体工具。针对上述每个产品的实现途径和策略，创业者可以梳理下项目和创始人本身具备的资源情况，方便挑选出可行性的产品设计构思。

最后，创业产品设计构思形成之后，创业者需要对这些构思做一个评估，看看是否符合设计原则、规范或者其他设计要求，如自然规律、人类心理、生产技术规则等。

创业者也许会问，通过这个流程构思出来的创业产品一定会成功吗？这个阶段梳理的创业产品构思，是为了提高创业者项目落地的效率。创业不是有唯一答案的考卷，也不是一成不变的过程。该阶段梳理出来的产品构思可以让创业者对市场进行尝试，在后续阶段创业者还面临诸多对产品设计上的挑战及产品迭代更新甚至是颠覆的过程。我认为创业者不应该放弃一种“摸着石头过河”的心态和做事风格，因为你的项目能否成功在创业的大部分时间内创始人都无法知晓。

案例 1

使儿童水壶具有智能电子宠物功能，这个创业项目瞄准父母让孩子每天多喝水的需求

在各种生活物品上植入电子科技元素，也算是“互联网＋”方向上的创新。我遇到一家创业公司在儿童水壶上置入了一块迷你长方形电子屏幕，并且安装了电子虚拟宠物等互动游戏功能。

这个创新想法是如何产生的呢？创始人注意到了指导儿童每天喝充足的水是爸爸妈妈们面临的普遍挑战。在家里，父母还可以督促孩子按时按量喝水，但在幼儿园，孩子会不会按时喝水就不知道了。所以这款智能儿童水壶满足了两个

需求：一是吸引孩子主动喝水，水壶上安装的电子液晶显示屏内的电子宠物会与孩子做简单的互动，按时提醒孩子喝水；二是当孩子喝水的时候，水壶里的监测系统会自动检测孩子的喝水量和喝水时间，并及时反馈给父母，父母只需要打开手机里的 APP 就能看到这些信息。

这款水壶外观上和普通的儿童水壶没有多少差异，只是在水壶正中的一块显示屏提示了水壶的智能化；价格在 150～200元，虽然比普通的儿童水壶贵一些，但整体上还是可以接受的。

从创业者的规划来看，将智能水壶投放市场还是有一定道理的。一方面，水壶是儿童上学出游的必备用品，有较大的用户需求市场空间。另一方面，液体介质均匀，比较容易被探测器定量监测，使这款智能水壶的功能得以实现。因此这款产品是充分考虑了市场和技术实现平衡性的产品。

不过，水壶增加电子设备对儿童的安全性是否有保障，尤其是设备如同手机一样发出信号辐射对儿童健康是否有影响，还有这款水壶对儿童的吸引力，都还需要靠以后投入市场来检测并且进行更新和完善。

微创新，并且找到技术和市场认可之间的平衡，是一种可以参考的创业战略。

案例 2

创新性地将 LED 屏幕与空气净化器结合，这家创业公司取得了连锁酒店订单

这是我两三年前听到的一个创业项目。这家创业公司创造性地结合了 LED 屏幕和空气净化器的功能，生产出一款外观与小型电视类似，能够播放视频的空气净化器。

当年，雾霾问题刚刚引起大众关注的时候，空气净化器的销量激增。有两位空气净化器厂的高管看到了这个商机，毅然辞职创业。他们在空气净化器领域工作了数十载，早已经积累了丰富的经验、人脉和资源，因此他们决定自己制作一款空气净化器投放市场。

懂行的人都知道，空气净化器的内部主要构件和净化原理都大同小异，市面上的各款净化器只是在外观和核心部件材料选用上有一些差异。故这两位创业者以空气净化器的设计和附加功能作为项目突破口。

两位创业者想到，如果在空气净化器上安一块可以播放视频的 LED 屏，让空气净化器一机两用，既能净化空气又能播放视频，效果一定很棒。

没有资金怎么办？他们决定众筹。由于产品设计美观大方，又有多种功能，他们的众筹达到了目标，筹集到了 40 万

元种子基金，这些费用用于设计、制模、制造样机等。

接着，国内一家知名连锁旅馆抛来了橄榄枝，因为这款产品能够节省每个房间购买电视机和净化器的费用。该款空气净化器外观和小型电视类似，可以悬挂在墙上，下载相应的 APP 还可通过屏幕播放电视节目，因此受到旅客的欢迎。

一款空气净化器因为改变了外观构造，改善了附加功能，在众多的空气净化器中突围出来，开创了一片天地。创业者在面临众多同类竞争产品的时候，可以思考如何改善产品的结构、提升产品的附加价值来提升产品的市场竞争力。

案例分析

案例 1 的创始人为了满足儿童按时按量喝水的需求，将电子宠物游戏与水壶结合，打造出了一款智能水壶产品。该款产品在制作工艺上并不复杂，原创的技术不会很多，因此该创业产品容易从构思转化为产品。案例 2 的创业者创新性地将 LED 电视屏幕和空气净化器相结合，产品用户定位为连锁酒店和普通家居等。空气净化器和 LED 电视功能合二为一的设备能够降低这些用户的购置成本，节约家居空间，同时又满足了空气净化和视频娱乐的需求，因此案例 2 的创始人在创业产品构思上符合商业逻辑，且用户市场需求定位清晰。根据案例 2 做出下列创业产品构思流程图供各位创业者参考。

图 3－2　本节案例创业产品构思流程图

智能蛋糕制作机

工具 10　创业产品原型设计思维导图

创业者在形成产品构思之后，需要进行产品原型设计。本书提到的创业产品不仅包括物理形态的产品，也包括虚拟的互联网服务、咨询培训服务等能够解决用户某一实际需求，并为创业者带来实际效益的劳动成果。同时，我建议**创始人不要认为产品原型设计仅仅是产品经理的任务，本书提到的产品原型设计不仅包括产品界面和交互功能的设计，也包括产品从设计构思到样品生产的全面设计工作。**

创业者在产品原型设计中可以遵循下列行动步骤：

（1）调查与分析用户

在产品原型设计初期，创业者需要建立目标用户群，并对其行为习惯与情感需求进行调研分析。在调查与分析的基础上，为产品用户的细分需求进行原型搭建，探索原型设计是否能不断满足用户需求。只有从市场情况和用户需求出发，才能不断深入思考产品如何更好地与用户需求结合。

（2）交流与评估可用性

可用性评估的主要目的是找出可用性方面的问题，即用户能否很好地使用产品的各项功能。可用性评估可以从以下四个方面加以考虑：①用户是否会因某项需求使用该产品。②用户能否清晰定位和判断产品用途。③用户是否能够很快上手，学会使用该产品。④在用户与产品发生交互的整个过程中，产品是否能够保证达到用户的各项要求。

（3）对核心功能进行重要性排序和草图设计

创业者通过头脑风暴，能够总结出很多产品功能，但产品设计一开始就要实现多种功能难度较大，因此我建议创业者可以用户需求大小来排序，筛选出排在前三位的用户需求。如果需要精准定位，创业者甚至只需要在该阶段考虑产品原型如何满足排名在第一位的用户需求。然后将这些思考用思维导图记录下来，思维导图模型如图3－3所示。拆分产品原型核心功能，并且对每一个功能进行草图设计（简单线条和符号等即可），然后综合所有核心功能设计出完整版的原型草图。

经过上面的三个步骤，创业者应该已经得到了一份产品原型设计。在后续产品迭代的过程中，创业者会基于用户需求及产品体验反馈不断修改该原型产品。因此在这个阶段，创业者无须一步到位，可以大胆假设，小心求证。

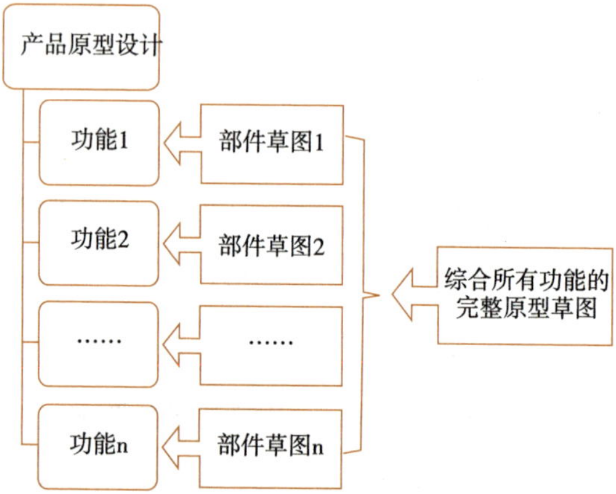

图 3－3　创业产品或服务原型设计思维导图

案例 1

在线上开展换物，这个创业团队制作了一个换物 APP

某天，一个创业项目市场负责人联系我，说他们几个人在做一个换物 APP 的创业项目，想要听听我的意见。

换物就是把自己仍然能使用的旧物或者闲置物品与别人的旧物或闲置物品交换，以实现各取所需的交易方式。换物 APP 就是给想要换物的人搭建一个网上平台。

换物 APP 在宣传上很容易往低碳和循环经济上靠，也带有一些公益活动色彩。这个 APP 上线 3 个月，据称已有 2000 位活跃用户，也有约 500 个各式各样的商品，种类从小的手工艺品到一些二手奢侈包应有尽有。

我们约在附近的一家咖啡店见面，来了一位女生，她负责这个项目的市场。另外两位创始人是这个学校的校友，负责写程序和界面设计。

“你们需要客户花钱充值吗?”我问。

“我们不会让客户花钱充值，而是用虚拟积分的方式来开展交易。客户上传了自己的闲置物品 A 后，将会得到相应的虚拟货币，同时客户也可以参加我们的各种线上线下活动，获得虚拟货币。当客户攒足其想要的闲置物品 B 所需兑换虚拟币分值之后，就可以在平台上兑换 B 物品，邮费与物品 B 的转让由卖家协调。”她告诉我。

这个商业逻辑是成立的，但只要是物品交易，就会有质量问题，何况是二手物品。他们打算怎么解决呢?

“我们也做一个类似支付宝一样的虚拟货币中转站，如果物品能正常使用，没有破损，才会把积分进行交易。”

那他们如何盈利呢? APP 的运营还是通过攒客户，然后以广告费还有部分交易中介费为盈利点，这个盈利方式与其他 APP 一样充满了挑战。

无论如何，这个 APP 的商业逻辑可以自圆其说，不过投放融资市场和商品市场能否持续被注血及发展，就看他们的本事了。

创业项目无论大小，都需要有一个尽可能完整的商业逻辑，这个逻辑可以不断更新甚至颠覆，但一开始必须得尽量合情合理。

案例 2

在快递盒子上装定位芯片，这个项目是否可行？

某一天，有个创业者联系我，向我介绍了他们团队目前正在研发的一款产品。这是一款针对快递行业研发的具有密码及定位功能的快递箱，这款快递箱针对的是价格比较贵重的快递物品。他们认为这款盒子（或箱子）解决了两个痛点：

其一，运输贵重物品的客户需要。如果商品为珠宝首饰或者重要文件，发快递方会非常重视快递在运输过程中的安全性，这款产品能够随时定位，到达目的地后会给发快递的用户一个反馈，提升了快递包裹的安全性。

其二，快递公司现在每天花费在快递盒子上的成本是巨大的，这款盒子能够自主定位，快递员可以随时找到盒子发送之后，再由另外一位快递员回收，有一些共享经济的意味。

从技术上来看，这款产品的功能实现完全没有问题，但从创业市场运作和商业模式的角度来评论这个项目，目前有很多值得改进的地方。

首先，这款快递盒子的需求是否是刚需呢？我认为不是，这款产品的功能都能被轻易地替代。盒子用于贵重物品，保险箱或者押送镖局能替代；盒子可回收利用，现在某些购物平台已经要求快递员在用户收货的时候用多给积分的条件取回盒子；至于盒子的定位功能，这在整个快递运输过程中，不是也实现了定位追踪到每一个环节的负责人手机吗？

其次，这款盒子的附加成本由谁来承担？创业者认为这款盒子的用户是普通的买家、卖家，其实我认为产品的真正用户不是普通买家而是快递公司。这款盒子现在的附加成本有几处：定位芯片，外包装不能用瓦楞纸而是高级耐受材料，快递员为了取快递盒子而产生的人工成本。虽然买家、卖家不是这些盒子的直接用户，但这些成本最终会由买家、卖家承担。目前创业者已经做出了原型产品，估计盒子单价在500多元，快递员的工资也在不断上涨，这些高成本肯定会平摊到买家、卖家身上，这款盒子也会受到市场的挑战。

最后，目前市场容量有多大？创业者认为这款盒子可解决贵重物品的安全问题。但如果真是特别贵重的商品，就会派出镖局押送，或者直接护送，这款能定位的盒子不能解决任何问题。何况快递公司送贵重的商品概率有多大？这就决定了这款产品的市场需求不大。

这样一个只注重技术实现而不注重市场需求的产品，下场也不会有多乐观，但三人创业团队貌似对产品非常有信心，决定再深入研发后才评估市场。

创业者对自己的创业想法有信心是好事，但请先想想创业项目是否解决了用户的需求后再评估技术是否可行，而不是本末倒置。

案例分析

本节列举的两个案例都在产品原型设计阶段，案例1的产品是换物平台，我建议创业者在原型设计阶段应该多思考用户定位和用户需求。我认为有换物需求的用户还是不太多的，创始人其实也考虑到了这一点，所以在换物APP中设置了积分的会员机制。通过展示用户不需要的商品来积分，积分可以兑换其他商品。不过这能否满足用户的购物需求仍然值得探讨。案例2的产品设计是一款植入定位芯片的快递盒，这种快递盒能够轻松被快递员追踪定位，创业者希望满足用户在贵重物品快递中提出的较高安全性需求。针对案例2，采用本节提出的产品原型设计思维导图分析如下。

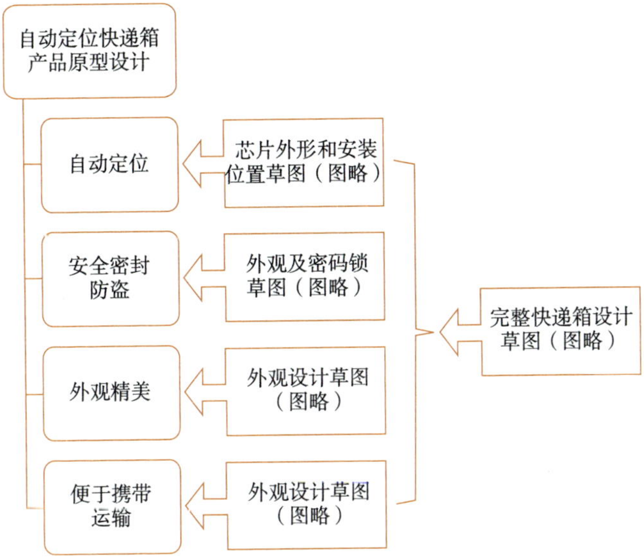

图 3－4　本节案例创业产品原型设计思维分析

根据设想制作出产品原型

工具 11　产品原型迭代思维鱼骨图

在生成创业原型产品之后，创业者面临的局面是：在市场需求还没有完全确定前，产品开发就需要迅速启动。**因此创业者在设计和生产出原型产品之后，随着对用户反馈的进一步洞察和理解，以及应对新环境的变化及技术更新，需要进入下一个创业产品设计更新循环**。每次循环不求设计和生产出完美的产品，但求不断发现新的问题，迅速求解，获取和积累新知识，并自适应地控制过程。在一次迭代中完成系统的部分功能或业务逻辑，然后将未成熟的产品交付给领先用户，通过他们的反馈来进一步细化需求，从而进入新一轮的迭代，不断获取用户需求及完善产品。

在产品迭代阶段，我认为创业者需要先明确下列三个原则：

（1）问题现行原则。创业者在每次迭代更新的时候需要立足于当下的创业产品功能状态，以及当时的用户需求。创业者要明白用户需求和市场环境是一个持续变化的动态过程。创业者需对每次迭代中出现的问题尽量在当时解决，不能放在下次迭代中再求解决。即使是暂时无法解决的问题也需要给出解决的方案，以备下次解决。

（2）快速试错原则。产品迭代的目标并不是要一次性生产出一款完美的产品。创业者需要在明确迭代的目标是为了改善何种产品功能和满足客户哪一个细分需求之后，迅速地完成产品更新。不要在产品迭代更新过程中花费太多的时间，而是要尽快将迭代产品推出市场，搜集用户反馈，确定下一次迭代需要做的产品更新工作。

（3）微创新原则。为了保证问题现行和能够快速试错，创业者需要明白每次迭代并不是对产品的颠覆式创新，而是针对产品的某一个细分功能、细分外观或者交互方式进行创新更改或者优化。创业者往往需要经过数次迭代才能生产出一款优秀的创业产品，因此创业者要用持续创新的心态看待产品迭代工作。

初创企业如何开展产品迭代更新工作呢？这里我为大家提供一个创业产品迭代思维鱼骨图，创业者可以利用这个工具梳理产品迭代思路，并将迭代需求和解决方案清晰地记录下来。

创业者使用鱼骨图的方法是：先通过市场调研搜集市场

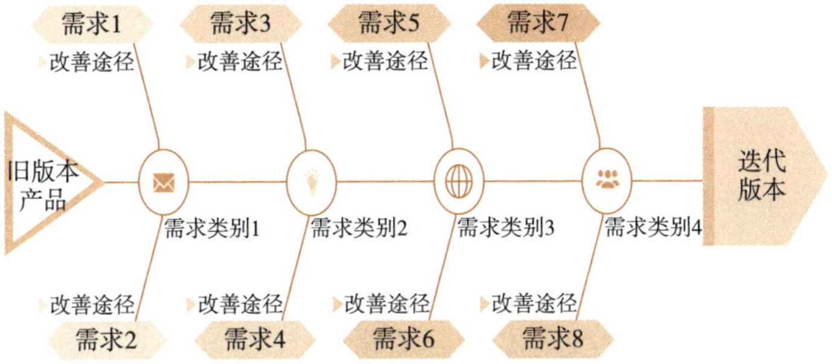

图 3－5　创业产品原型迭代思维鱼骨图

环境最新变化和用户需求反馈，然后将最新搜集到的市场环境信息和用户需求根据项目本身情况进行分类和排序。以图 3－5 为例，创业者先将不同需求类别根据需求紧迫性，从左到右依次排列。每一类需求中又细分为若干个细分需求，关键是该工具能够让创业者在产品迭代落地的时候保持思路清晰，更高效地开展工作。创业者记录下各类需求之后，在每一条细分需求之下再扩展列出需求改善思路，这样也是迭代中问题现行原则的要求，能够让创业者更加明确迭代中的问题和解决思路。

案例

这家公司用了十年时间，成为游戏制作平台行业标杆

我有个朋友是做游戏设计的，一天他打开了一段非常逼真的三维游戏动画给我看，动画中的机器人身上的零部件以及动作场景都和真实世界中的物品一样。这段动画对我这个外行来说只是看着非常生动和逼真，而对于专业游戏设计而言，这段动画里的渲染效果代表着游戏制作行业的最高技术水平。

我从这段动画知道了这个游戏开发平台，如今他们已是游戏制作行业内的标杆。从二维五子棋游戏到大型场景的三维游戏，都在用这个游戏制作平台开发。这个平台每年都在北京召开开发者大会，游戏开发的最新成果云集，已经成为行业导向。

然而在10年前，这个平台还是游戏制作团队的一个想法。那年欧美一个独立游戏工作室想要开发一款新游戏，但开发游戏的必备软件和程序都需要购买，而且非常昂贵，这家工作室无法支付这些昂贵的开发插件和程序，设计这款游戏就行不通了。

也许大部分人会因此终止项目并等着购买资本充足了再去开发游戏，但这家游戏工作室却由此想要打破现状，开发

一个游戏开发者平台，这个平台上集成了各种开发的插件。

这个想法比开发一款游戏要有挑战得多，但是他们克服重重困难，并坚持了 10 年。不知不觉这个平台越做越大，功能越来越齐备。刚开始，这个平台以及上面的插件也是收取高额的使用费，在中国平台约售 10 万欧元。但两三年前，这个平台的创造者决定平台完全免费。

一个游戏制作新生态已经建立起来，由于功能非常强大，内部由各游戏制作者提供的平台插件越来越多，全球有大量用户下载和安装。在这个平台上能够购买各项游戏开发功能插件，也能够获得非常好的免费插件，这个平台已经成为行业内最好用的开发平台，稳坐行业第一的位置。

有时候创业者条件不具备无法开展项目，但请停下来省视自己的项目是否会有改变现状的可能。一个伟大的创业想法只有一瞬，但实现这个想法可能却需要贡献一生。

案例分析

本案例中，该游戏制作引擎平台一开始并没有这么完善的功能，创始人只是计划制作一款游戏，但是遇到困难后他们反而抓住契机，意识到这是一个比游戏玩家本身更紧迫的需求，创始人开始制作游戏引擎。在引擎不断的发展和对用户需求的洞察中，创始人认为市场的需求已经从购买该游戏引擎变成了在游戏引擎上开发各种有价值的插件，因此创始人将该引擎免费开放，建设成了一个完整的游戏制作生态圈。在这个生态圈中，技术人员可以开发收费的插件和程序。该引擎平台已经成为游戏制作的权威开发平台，给该公司带来更大的利益。

我对本案例中第一次迭代的时候产品迭代思路鱼骨图绘制如下。

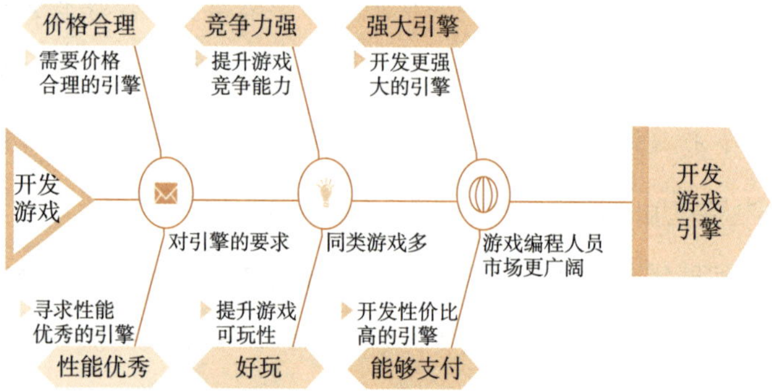

图 3－6　本节案例创业产品原型迭代思维鱼骨图

10
8
25
?
是否需要新
的一次产品
迭代呢？

工具12　用户体验设计环路图

国家标准对用户体验的说明为："用户体验，即用户在使用一个产品或系统之前、使用期间和使用之后的全部感受，包括情感、信仰、喜好、认知印象、生理和心理反应、行为和成就等各个方面。"也就是说，用户体验主要反映用户对使用的产品的意愿和态度。

产品设计发展到现在，已经进入了"体验至上"的阶段。在过去，信息沟通没有如此畅通，小部分的消费者对产品的坏印象不会影响到产品的整体印象。如今，信息传递进入一个扁平化时代，人人都可以是自媒体，都能够表达自己对产品的意见。即使是很小的使用意见，经过互联网的传播，也会产生巨大的"蝴蝶效应"。特别是在互联网和移动互联网时代，用户体验在很大程度上决定了产品的成败。用户购买或者下载产品并不是和企业交互的终点，用户对产品的使用体验将在更深层次上决定产品的成败。

此外，在激烈的创业竞争环境中，很少有创业者能够开发出一款完全领先和革新的产品，创业者会面临同类产品的市场竞争。用户对产品的体验效果，将对产品品牌形象和市场竞争力产生很大的影响。因此，创业者在创业初期，就要将用户体验纳入到产品设计思路中。

如何开展产品体验设计思路？本节为创业者提供产品设计环路图。

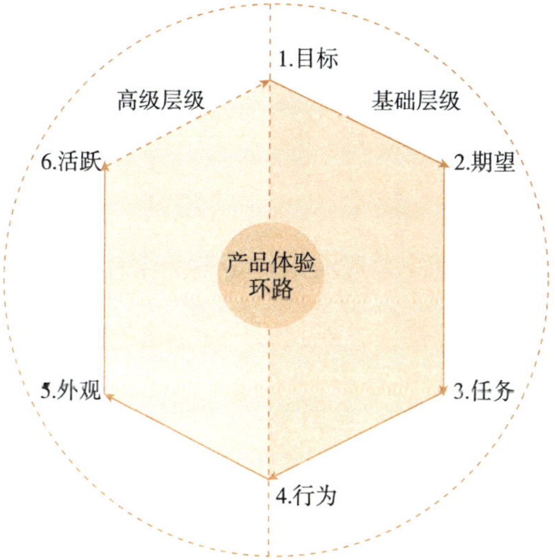

图 3－7　创业产品体验设计环路图

该环路图描述了产品体验设计的循环进化过程，针对不同阶段有六大主要的用户体验参数设计。产品设计环路的箭头方向显示了参数的顺序，而最后形成一个闭环说明产品用户体验设计过程也是一个不断迭代更新的过程。各参数的综合作用影响到产品最终的用户体验结果，下列对六大主要用户体验设计参数分别解释如下：

（1）目标

这是产品体验设计需要首先考虑的参数，将产品设计目标作为第一个考虑的因素也是本书所表达的一贯思想：产品必须基于用户需求出发。合理的用户分类告诉设计团队目标用户是谁、用户需求是什么，并为行为特征画像。了解用户的使用动机，就能帮助用户找到解决问题的方案，设计为用户量身定做般的体验。

（2）期望

期望参数的设计需考虑用户需求的多样性和优先性，并对用户的需求进行排序，找到用户最急迫的需求，并满足之，直接提高用户体验度。产品需要根据用户偏好实现个性化定制，从而增强用户体验度。

（3）任务

任务是指产品在满足用户核心需求时需要做出的反馈和行动。合理设置任务深度及任务结构清晰度，能使产品满足用户的使用目标，提升用户的使用效率，从而提高用户体验度。提高产品核心任务的使用率，能更好地帮助用户解决目标问题。高的任务使用率证明用户对该任务的依赖程度高，从而提升用户对产品的印象，提升用户体验。

（4）行为

影响行为级用户体验度的因子包括响应速度、行为可度量性和与用户目标的关联度。高效的反馈、可视化的产品信息和与目标的相关研究结果都会让用户更容易掌握产品反馈的关键信息，提高用户使用效率，间接增强用户体验度。

（5）外观

产品的外观要能直接传递产品功能。在功能表达到位的情况下，用户会使用更具有吸引力、更美观的产品，因此功能感知和审美能直接提高用户的体验效果。外观融合了信息、功能和美学要素，能够更好地呈现任务和行为设计，并提升产品的吸引力。

（6）活跃

在众多用户中，会有一部分用户是活跃用户，这类用户是产品的重复使用者、积极反馈用户意见者和口碑传播者。因此，影响活跃用户体验的行为包括活跃用户维护、活动策划和产品推广。对设计团队来说，可持续发展产品应该保持较高的用户活跃度，这需要产品在迭代更新中持续评估和改进产品。

案例

激励白领们在办公室内轻松做运动，这个“90后”团队开发出“运动+积分”APP

“我们是Z大学最聪明的一群人，我们制作的一个APP让用户能够从久坐的办公室内解放出来，利用短暂休息时间动动手，扭扭腰，轻松做运动，并且攒积分换礼品。”

这是某个国际青年社会创业组织在中国举办的全国社会创业大赛的十强路演上介绍他们的产品。

该项目负责人是一位“90后”的大四学生，他们团队有6~7个人。这群未来精英们创造的是一款“公众参与+社会公益”主题的APP。这款APP的模式就是让缺乏运动、工作压力大的白领们在闲暇之余站起身动动手，动动脚，并且转转圈，用手机打开这款APP会自动感应运动情况，如同现在其他的运动APP一样。然后运动消耗的热量或者步数/圈数会自动转化为虚拟积分，积分可以兑换商品，也可以捐赠给公益事业。

一年多后的一天，我在清华的某个孵化器墙上看到他们的项目LOGO，才发现这个项目还在坚持着。这些创始人如今已经在清华、北大就读了，我跟项目创始人再次沟通，才知道他们在对面的华清嘉园租了一间办公室，但是最近面临盈利模式转型，他们想要转成众筹平台，也曾经融过资，进入过清华孵化器；曾经融过天使，曾经挖过 BAT 的程序员，每月给很高的薪水但是换来一个教训：不是创始人的 IT 技术总监不靠谱，要找真正认同项目的人。然后把两个技术经理都辞退，重新再出发。

“那你现在怎么分配你的学业和创业时间呢？”我问这位负责人。

“上次程序员的教训后，我现在基本每天都在公司里守着，其他几个合伙人也是。”他说。

不管身在何处，创业都需要创始人全身心地投入。

案例分析

本节案例中创始人团队设计的手机 APP 主要是基于白领用户的下列需求：①需要保持身体健康以应对工作带来的各项压力，能持续加班。②工作强度大，休息时间少，无法抽出时间健身。

为了满足用户需求和提升用户体验，该产品在设计初期主要做了下列用户体验改善：

（1）扩大健身范围，包括在办公室内扭扭腰，原地踏步和伸展运动也属于健身范围，让白领轻松在办公室内实现建身。

(2) 用健身积分奖励制度来增加用户使用软件的活跃度，真正解决用户需求，提升用户体验。

根据本节提供的产品体验设计环路图，我对该APP的产品体验设计流程分析如下：

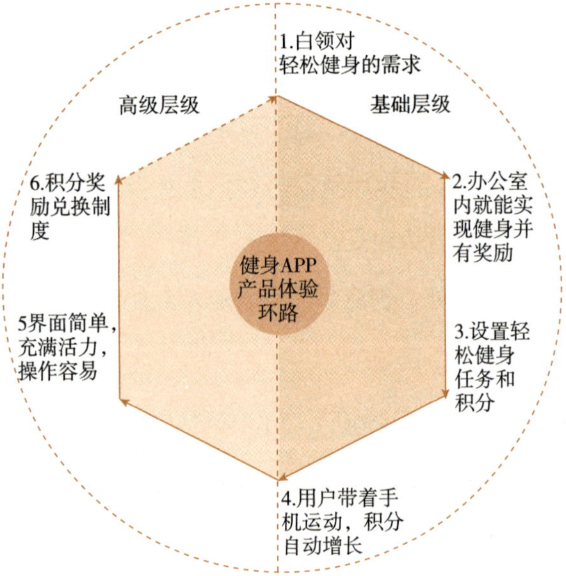

图3-8 案例产品体验设计环路

请反馈您对
我们产品的
用户体验。
好的。

创业产品设计必须避开的误区

误区一：创业产品小而美就是产品功能简单

创业者认为不同于大公司庞大的产品开发资源投入，自己应该差异化经营，聚焦于小而美的产品开发，尽量将功能做到简单好用。但是创业产品或服务首先做到的不仅仅是可用，更要考虑到用户后期的黏性。功能简单到简陋的产品是留不住用户的，缺少了用户黏性和交互性，产品是无法成功的。建议创始人即使针对某一个具体的细分功能设计创业产品，也要将这个产品的用户体验尽量做到极致。

误区二：产品或服务科技含量高就能吸引用户

科技创业确实是非常有前景的未来趋势，无论投资人还是用户都会将创业产品或者服务的技术含量作为考虑投资/购买的一个因素。但是创业者不能单方面投入大量精力到项目技术含量的提升中，而忽略了用户痛点和用户体验。对于一个无法解决用户需求，或者用户体验不佳的产品，用户们还等不及体验到该产品或服务的高技术含量，就会放弃继续购买或使用该产品或者服务了。

误区三：产品垂直细分就等于冷门市场开拓

创业者会认为主流市场已经被现在的商业巨头给占据，根据“长尾理论”，垂直细分市场也会有自己创业产品的突围空间。从理论上来说，创业者的创业项目在初期切入市场最好是避开与大公司直接竞争，做一个相对安全性较高的垂直和细分市场，但是垂直细分市场不一定是指冷门偏门的小众市场。建议创业者们以该细分市场是否会存在一个潜在用户增长空间作为考察基础，而不要一味地寻求互联网巨头们没有触及的冷门市场。

误区四：产品或服务的需求是伪需求

创业者为了找到差异化市场和用户痛点，在对自己创业产品和服务信心满满的状态下，可能会落入伪需求的陷阱中。伪需求不容易被发现，但其可能包括下列情况之一：(1）逻辑上分析非常正确合理，但无法实现或者没有用户的需求。(2）因市场用户有限，没有自然用户增长的空间。(3）先有技术或者产品然后生硬地设计出应用场景的需求。(4）在用户测试阶段反馈较好，但是一旦用户使用条件改变，如从免费变成收费，就会丢失用户。建议创业者在产品或服务设计阶段，仔细评估市场和用户需求痛点，避免落入伪需求的陷阱。

第 4 章

形成可行的商业模式并非那么难

工具13　商业模式要素画布

在形成了完整的产品设计和用户体验设计之后，创业面临的问题就是如何经营这个项目，即确定产品的经营战略。商业模式设计就是解决这个问题的第一步。在经济理论定义中，商业模式被描述为企业获取利润的逻辑。成功的商业模式的关键就是在有限的资源基础上实现价值最大化。在运营理论定义中，**商业模式是企业创新的焦点，是企业为自己、供应商、合作伙伴及客户创造价值的决定性来源。**

企业在商业模式设计过程中，不仅需要考察产品和用户需求本身，还需要企业经营者用全局的眼光考察如何使用户提供利润以扩大企业经营这个过程。因此，在错综复杂的商业要素中，需要设计哪些商业模式要素是企业需要解决的首要问题。

本书采用的商业模式要素画布是由 Alexander Osterwalder 及 Yves Pigneur 博士在 2011 年提出的一套视觉化的商业模式

架构和分析工具。该工具中的商业模式要素分析模型分为四大支柱和九个要素。四大支柱包括：产品/服务界面、资产管理界面、客户界面和财务界面。在这四大支柱下包含九个构成要素，分配在四大支柱中，其中产品或服务界面包括价值主张；资产管理界面包括核心资源、关键业务和重要伙伴；客户界面包括客户细分、渠道通道和客户关系；财务界面包括成本结构和收入来源。这九个商业模式要素共同组成一幅用来描述商业模式的画布，该模型通过庖丁解牛的方法将企业复杂的商业模式以图形的形式呈现在分析者面前。企业经营者可以通过填补画布的过程逐步思考和解析企业当前的商业模式，发现存在的优势和劣势，从而为未来调整企业商业模式提供思路。

图 4-1　商业模式要素画布

案例

这家连锁健身房突破传统模式，受到风投青睐，突破红海找到新的商业模式

工作越来越忙碌，锻炼更加不能落下，但是工作和生活区附近的健身房都是早上 9 点开门到晚上 9 点 30 分清场，我加加班就赶不上了，所以需要找 24 小时开放的健身房。这个时候，这家连锁健身房进入了我的视野，虽然有一点距离，但是 24 小时非常方便，去参观和体验过一次之后，我决定购买这家健身房的会员。

这家健身房的运营模式是求精、求简、求快生活，把用户体验和成本控制做到了极致。在这种设计之下，健身房遍布全国，基本体验都有，而且还获得了大牌资本的 A 轮投资，扩张势头强势。

从商业模式上分析，这家健身房可圈可点的地方非常多：

首先，这家健身房瞄准集中商业园区，面积不大，但是基本设施非常齐全，更衣室和跳操室都有配备，只是不提供洗澡服务。运营人员的解释也合理：运动后不建议马上洗澡，因为毛孔还在扩张阶段，马上洗澡容易引起昏厥。没有洗澡间将健身房的成本缩减了很大一部分。之前公司楼下有另外一家 24 小时健身房，模式都一致，但是他们增设了洗澡间。

洗澡间为了减少成本，刚开始只在男、女浴室各提供2个莲蓬头，也就是每次只能供2人洗澡，结果会员怨声载道。在增加了若干莲蓬头和洗澡隔间之后，浴室又三天两头堵塞，而且莲蓬头也常常坏。最近一次居然要对浴室重新装修，导致两个月不能更衣和洗澡，用户体验大幅度下降。因此不增加洗澡间是合理的。

其次，这家健身房努力提升其服务的性价比，体现在两个方面：其一，健身房最低按月付，每个月199元（非一线城市低至99元），这一点我相信是借鉴了星巴克的快速时尚消费理念。能够按月付的健身房非常符合现在快节奏生活的年轻人的胃口。季卡和年卡也不贵，年卡在2000元左右。其二，这家健身房的打折优惠很大，为了抢占口碑，首次办卡会员优惠为月卡减50元，季卡和年卡减100~200元。另外，重复办卡的，即使是月卡，运营人员也会提供20元左右的优惠券，实在是性价比很高。对我而言，办月卡更能够激励我去健身，因为原来办年卡的时候，心里想着还有300多天呢，不急，最后却没去几次，所以月卡体验实在是很赞。健身房的私教们都是兼职，费用在北京低至180元/小时，比起别的健身房动辄500~600元/小时的私教费用来简直不值一提。这家健身房通过兼职教练的方式减少教练成本，也不对教练有什么固定业绩指标，所有教练自行调整工作时间、操课时间，实在是方便。

再次，这家健身房采用互联网管理模式，配备少量的运营人员，而且也不用 24 小时坐班。健身房开在工作园区，本身治安不错，而且是全微信公众账号平台管理，从扫码打卡进门到离开，以及参与各项健身房的活动、预约教练、预约公共操课，甚至跑步机的电脑界面，都是联网的，所以这家健身房主导的是互联网智能健身平台。

最后，这家健身房的打折优惠促销活动实在是非常多，每月有各种优惠，实物、卡券都有。除了上述的办卡优惠，还有办卡即送运动水壶、毛巾和帽子三件套等，各种秒杀促销事件每个月都有一次，口碑一下就建立了起来。

未来的消费升级领域创业的成功核心包括三个方面：①好的用户体验。②最精简化运营成本及合理价格。③互动参与性社群品牌营销。

案例分析

本节案例中的连锁健身房突破了传统的健身房运营商业模式，在科技上与互联网、大数据平台结合，用“互联网 +”提升了健身房的 24 小时管理；在健身房的功能和成本控制上做到了极致；同时在商业模式的其他方面也都有微创新。根据这个案例，我绘制的商业模式元素画布如下：

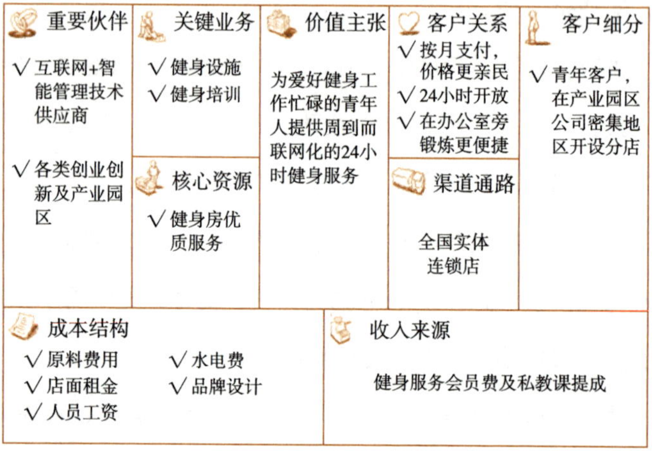

图4－2　案例商业模式元素画布分析

生产→营销？
销路？
用户群？
商业模式？

工具 14　商业模式有效性评估清单

创业者在形成商业模式之后，需要对商业模式的有效性进行评估，并随着实践不断修正和调整。商业模式评估是企业成功进行商业模式创新的必要条件。

创业者可以从四个步骤来对创业项目商业模式进行评估。第一，确定评价要素。对商业模式要素进行梳理和识别，确定评估要素清单。第二，选取评价指标，构建评价体系。创业者需要进一步选取能够反映项目商业模式各构成要素特征的指标，分层次建立指标体系，确保各层次指标之间的关系准确无误。第三，确定评价指标权重。权重是对各指标之间相对重要性的定量描述。第四，构建评价模型。根据指标权重，选择恰当的模型和方法对创业项目进行价值评估。本书为各位创业者提供下列商业模式有效性评估指标表，供各位创业者参考。

在这个清单中，商业模式体系由五个维度组成，分别是

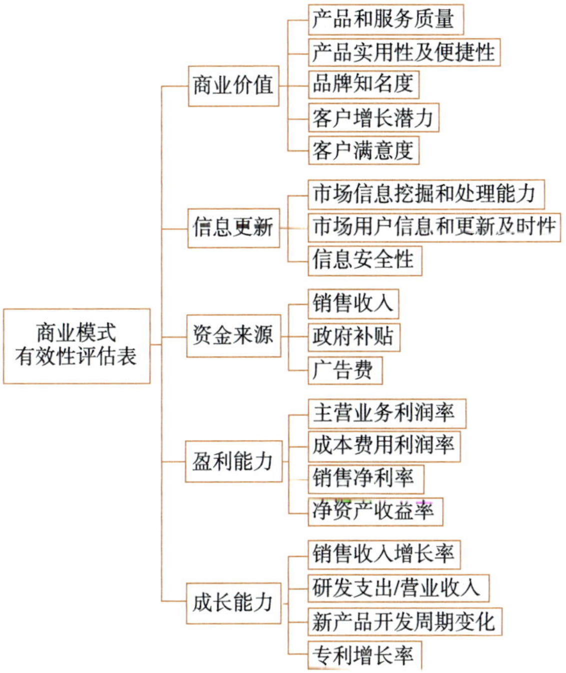

图 4－3　商业模式有效性评估清单

商业价值、信息更新、资金来源、盈利能力和成长能力。在这五个维度下分别再引出各二级评估指标，构成创业企业商业模式评估指标清单。对这些二级指标分别解释如下：

第一个维度：商业价值

（1）产品和服务质量。产品和服务质量是企业的生存基础，关系到创业企业商业模式后续环节是否能够顺利运转。

（2）产品实用性和便捷性。指创业产品在实际应用过程中带来的效率提升。产品的实用性和便捷性越高，越受到客户的青睐。

（3）品牌知名度。指公众对创业企业产品、产品商标、产品品牌等认知程度。

（4）客户增长潜力。客户增长潜力越大，企业的目标市场份额越大。

（5）客户满意度。衡量了创业企业提供的产品是否达到了客户期望值，反映产品的价值实现程度。

第二个维度：信息更新

（1）信息挖掘和处理能力。创业企业能否对其客户和竞争者的信息进行准确认知，并从中提炼出有价值的信息？企业的信息挖掘和处理能力越强，就越容易抢占先机，获得竞争优势。

（2）市场用户信息更新及时性。信息在企业商业模式中传递越及时，越能避免信息滞后所带来的误差遗漏。

（3）信息安全性。信息在企业商业模式运转过程中的丢失风险。

第三个维度：资金来源。

（1）销售收入。创业企业出售产品获得的收入。

（2）政府补贴。创业企业获得政府项目扶持资金。

（3）广告费。创业企业为了推广产品，提升品牌知名度所支付的广告宣传费用。

第四个维度：盈利能力。

（1）主营业务利润率。创业企业在一定时期内的主营业务利润与主营业务收入净额的比值。比值越大说明企业竞争力和获利能力越高。

（2）成本费用利润率。创业企业在一定时期内的利润总额与成本、费用总额的百分比。比值越大说明企业利润越大、经济效益越好。

（3）销售净利率。创业企业净利润占销售收入的百分比，反映了销售收入的收益水平。

（4）净资产收益率。创业企业净利润与净资产的百分比。该比值越大说明企业使用自有资本获得净收益的能力越强。

第五个维度：成长能力。

（1）销售收入增长率。企业当期销售收入增长额与往期销售收入百分比。指标值越高说明企业的持续经营能力越强。

（2）研发支出占营业收入比重。企业当期研发总支出与营业收入的百分比，反映了企业对研发及创新活动的重视程度。

（3）新产品平均开发周期。企业进行新产品开发所花费的时间，反映了企业的研发效率。

（4）专利增长率。企业当期专利增长个数与往期专利个数百分比。专利增长率越高，说明企业研发创新活动越频繁，技术竞争优势越明显。

创业者如何利用上述清单对创业企业商业模式效果进行评估呢？首先，创业者需要对这些指标的真实数值进行采集计算。其次，创业者可以将本行业内该项指标的平均值和优秀值与企业真实指标数值进行比较，也可以通过采访本行业企业专家组，综合各位专家对这些指标达到优秀水平的赋值并取平均值作为该项指标的参考值。通过比较，创业者能够对本企业商业模式效果有一个清晰的评估结果，以便进一步改进创业项目商业模式。

案例

细分市场到养生汤品，这个项目想要做白领养生汤中的知名品牌

在我们组织的一次研讨会上，有一家做精选汤品茶饮的餐厅成为我们的饮品赞助商。

这个品牌主营产品既有党参枸杞乌鸡汤这样的药膳肉汤，又有桂圆红枣茶、红糖姜茶这样的茶饮。这家创业企业的品牌包装非常协调，以黑色和棕色色调为主，外卖纸杯汤碗等各式包装都统一设计和配色。店里还有外带一只乌鸡汤

的服务，密封包装袋可以保留 48 小时左右，开袋加热即可食用。

这位创业者前期自己投了几百万元，在北京中央商业区开了两家分店，店里的装修风格类似于某国际知名咖啡连锁店，主打商务白领精品饮食，也有一些快消费时尚的元素在里面。饮食业是一个利润率有较大保障的行业之一。在商品的定价方面，这家餐馆的定价范围也和一杯大杯咖啡价格类似，一杯肉汤是 40 元左右，而一杯养生素汤是 30 元左右，外带的即食汤包含半只乌骨鸡在内约 90 元。

这家店的定位是白领养生精品汤饮，这些顾客工作繁忙，没有太多时间去熬制汤水。在现在养生饮食的趋势下，一杯咖啡的钱能买到一杯足量的乌鸡汤还是符合消费标准的。

在这产品设计和定位之间能够看到创始人的情怀，外国有咖啡文化，中国有汤饮文化。咖啡文化已经风靡全球，养生汤的文化也需要有先行者去培育市场和对外传播。

创业者如果要将完全崭新的想法创意落地成为实践项目，就需要在理想与现实之间找到一个可行性强的平衡点。

案例分析

本节选择的案例是一家主打养生汤和养生茶的项目。我根据个人对饮食行业的理解，按照 1 分到 5 分的打分范围对其商业模式进行了评分分数，没有统一标准答案，创业者通过本人对行业的理解评分会有所不同。同时必须指出，创业者需要在一个动态的企业发展过程中对商业模式进行迭代更新，因此对商业模式有效性的评估分数会随着创业企业的发展而发生变化。

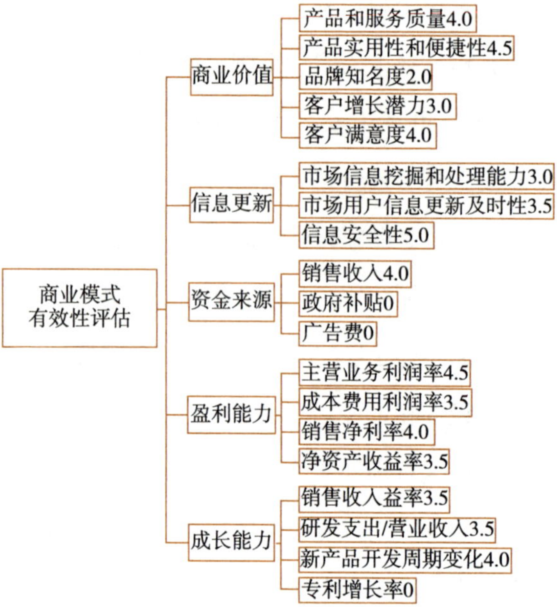

图 4－4　案例商业模式有效性评估清单

基于对案例商业模式评分的分析，案例为饮食行业，政府补贴、广告收益和专利增长率在评估时期得分为 0。该案例有线下实体店，店内环境舒适，而且快餐养身汤饮有产品实用性和便捷性，因此用户体验和产品便捷性得分在 4.0 分以上。在考察财务指标的时候，项目所处地段为白领较多地区，很多人认可养身汤和养身药草茶，因此利润能够得到保障，盈利能力得分较高。创业者在梳理商业模式的时候，也可以根据每次梳理的评分，对整体的项目商业模式不断进行改进。

哪个商业模式
才是有效的?

创业商业模式设计必须避开的误区

创业者在创业项目商业模式设计阶段容易存在下列几个误区。

误区一：商业模式中的“互联网 +”就是产品服务和电商平台的相加

互联网代表着项目商业模式的创新与科技含量，“互联网 +”不是项目产品服务和电商平台的简单相加，而是利用互联网创造出革新性的工作情景，并由这些工作情景带来的新的用户体验。同时，一些具有丰富线下资源的创业者，会认为线下资源实力雄厚，做一个互联网平台就能实现“线上 + 线下”的联合运营商业模式，这个想法是非常简单片面的。“线上 + 线下”联合运营商业模式是通过导入线上平台，形成新的用户需求痛点解决方案，并由此出发，进一步重构商业模式的功能板块。这和简单做一个线上互联网平台具有本质上的区别。

误区二：商业模式设计定位重点错误

创业项目在初期的商业模式自我定位不仅包括对项目的产品和服务定价定位，还需要对自己的产品和服务用户及市场的准确定位。在创业初期，不能将所有人都列为企业的目标用户群。确定适合的目标用户，专注为这批客户做好产品，让他们满意，创业企业才能有扩大产品和服务用户市场的空间。建议创业者在设计商业模式和对商业模式更新迭代的时候，都需要以用户及市场需求痛点及用户体验为核心出发点，从而实现商业模式其他方面要素的调整。

误区三：商业模式非常复杂，可以进行多番尝试，不行就改变商业模式

商业模式的构建是在实践和市场用户反馈中不断更新的过程，试错是必要的。但是由于创业者的资源有限，试错并不意味着创业者在商业模式构建上可以随意尝试。商业模式的市场尝试一定要在理清思路、明确目标和工作计划的基础上，尤其是提出新型商业模式的创业团队更需要在明确商业模式上述问题后，尽可能高效率地根据测试反馈对商业模式迭代更新。否则在不断随意的尝试中会使竞争者知晓和掌握你开创的新型商业模式，并尝试吸收和驾驭，而停在原地不断尝试各种商业模式的你肯定会处于被动地位。

误区四：商业模式必须与“平台”和“生态系统”挂钩

创业企业必须慎重考察投入到项目中的资源是否足够打造一个平台或者生态系统。平台和生态系统具有规模大、投入高、功能齐全和运营成本昂贵等特点。创业者可以在未来愿景中设计一个达到平台或者生态系统程度的阶段性长远规划，但是在初创期就将打造“平台”和“生态系统”作为项目的商业模式内容，会使创业者忽略用户需求痛点，忘记不断提升用户体验。

第 5 章

创业路上，什么样的团队适合你？

工具15　黄金圈法则

很多创业项目在初始时候，常常是以发起人的个人魅力或者富有吸引力的创业想法打动了其他联合创始人，又或者是发起人的亲朋好友提供了帮助。但为了提高创业项目的成功概率，我建议创始人**在组建最初的创业团队时就开始尽可能科学地去审视创业团队的功能本身，即使创业者刚开始并没有十足的把握组建一个功能完备的创业团队，也要注意满足创业团队的一些最核心功能**。

创始人可以借助营销的“黄金圈”工具（如图5－1所示）来思考需要吸引哪些人作为创业最初的团队。营销理论中提出的黄金圈法则揭示了营销的正确思路，应该是从三个同心圆中由内至外建立自己的核心营销体验，即先思考“为什么”，然后思考“如何达到目标”，最后思考“具体需要采取哪些行动”。同理，创业者在组建最初的创业团队的时候，需要明确下列逻辑：首先，创始人需要说明你为什么要发起这个项目，你的创业思路是什么，让你的团队成员认同你的理念；其次，再与他们进一步探讨怎样达成创业目标，即需要具备什么样的能力和条件；最后，具体讨论创业成员在团队中的具体分工。

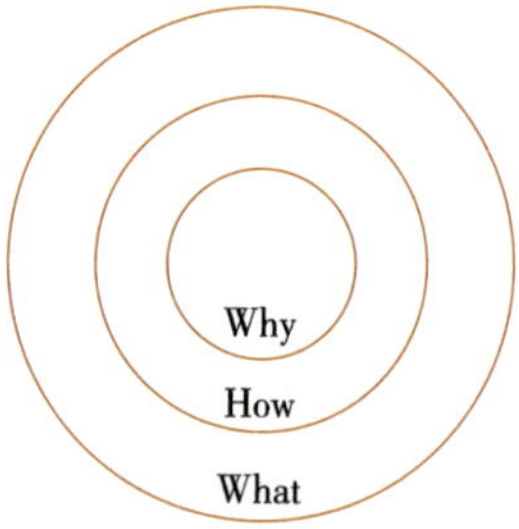

图 5－1　黄金圈法则

在现实中，创始人往往会用从外到内的方式，先思考我需要团队成员做什么工作，再思考与这些成员如何合作达到目标，最后才面对怎样说服成员加入这个创业团队的问题。这个行动逻辑看起来似乎非常合理，但是存在很大的问题：首先，创始人在初创期资源和资金有限。假设你在进行互联网创业，需要找到一位合格的软件工程师，于是你找了一个人加入到你的项目产品开发中。然而，过了一段时间，你发现这位工程师无法认同你的创业理念，在这段时间内，你的创业成本——无论是这位工程师的工资，还是你的全部创意，都已经付出了。在有限的资金和资源下，如果这位关键成员因为不赞同你的创业理念而离开，那么对你的初创项目也许会产生重大影响。而且不要忽略一点，创业启动的时间也是一项非常宝贵的成本，初创企业如果不能迅速进入到项目落地和原型产品成型阶段，同类竞争者也许会很快占领市场。因此，你首先需要在成本（包括时间成本）付出比较少的情况下，与你认为合适的成员沟通你为何选择该项目开创你的事业，判断这位将要与你共同作战的战友是否认同你的理念。如果不认同，即使你想要争取的人才再有能力，你们之间的合作也不是一种默契的合作。如果没有默契，团队就很难抵抗创业初期在项目落地中将会遇到的诸多无法预见的挑战。

案例

这些研究生因为共同爱好开了一个微电影分享博客，继而发展成为国内知名原创微电影平台

有时候，在学校里更容易找到创业合伙人，本案例中的创业项目就是在学校里创办的。

在某知名理工科大学里，有三个分别来自软件系、工商管理系和设计系的研究生室友，他们都有一个共同的爱好——喜欢看微电影。在学习之余，他们搜集了大量国内外的微电影。为了让这些充满创意的微电影发挥更大的价值，

他们决定搭建一个最简单的日记网站来分享和存放微电影。他们每天发若干微电影分享帖，精挑细选出充满创意的微电影完整视频发布在网站上。日积月累，网站上的微电影越来越多，他们也开始在用户体验上花心思。

随着网站流量的增多，他们的用户也在增加，于是他们开始萌发了原创微电影的想法。他们利用自己网站的浏览和曝光量做条件，与国内大量提供原创微电影的个人或团队接触，网站内容原创的比例逐渐多起来，甚至有一些是他们独家发布的内容。

三个创始人利用自己的特长，分别负责微电影分享平台的研发、产品和界面策划及设计、商业模式推广营销工作，满足了初创项目的必要发展条件。毕业后，他们专注于这个项目，坚持了两年，成功融到资金，有了宽敞的办公室，团队增加到50多人。微电影分享网站已经从一个简单的博客变成了一个集微电影发行、线下发布会、微电影众筹融资、微电影展示于一体的微电影交易及交流平台。通过这个平台，他们进行原创，并资助更多的微电影人生产出更多的好作品，然后将这些作品推广到视频网站平台，盈利方式就是版权出让或者合作。此外，这些微电影还可以与电影制作方合作，如果剧本非常优秀，则可能会被电影公司收购版权并且改编成为大电影。版权的收益使这个微电影平台实现了盈亏平衡。

占到先机，洞察趋势，然后做精做专，合理搭建初创创始人团队的结构，这样的创业起步战略一般都不会吃亏。

案例分析

这个案例中的创业项目是微电影分享平台，三位创始人是在对微电影有浓厚兴趣的基础上开始搭建创业产品，同时，由于三位创始人各有所长，分别负责微电影分享平台的研发、产品和界面策划及设计以及商业模式推广营销工作，满足了初创创业项目的必要发展条件，也使得项目在初创期就有了发展的团队保障。根据这个案例可以绘制下列创业团队组建分析“黄金圈”：

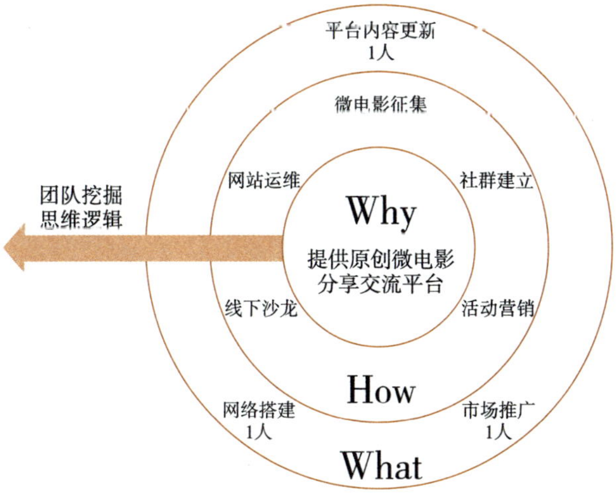

图 5－2　案例创业团队组建“黄金圈”分析

选哪一位做
我的合伙人
呢?
A
B
C
销售能力好
专业技术强
运营经验多

工具 16　团队组织结构三要素

在创始人物色到合适的团队人选之后，会面临一个重要问题，就是团队组织结构设计。创始人如何在创业初期人员和资源有限的挑战下，建立一个功能完整的创业团队组织呢?本书建议创始人基于下列三个基本核心要素来设置组织结构。如图 5－3 所示，**这三个基本核心要素包括：核心竞争力构建、需求吸收与反馈、产品输出与交互**。在众多的组织构建功能要素中，我认为这三个功能构建要素是初创团队需要重点考虑的三个方面，分别对其解释如下：

（1）核心竞争力构建。创业者在梳理了产品创意、产品设计及商业模式之后，对本项目的核心竞争力应该有一个总体认识。所谓的核心竞争力，就是你的项目在解决用户需求的过程中，能够使你战胜竞争对手的优势所在。例如，你掌握了一项新技术、开发了一套新的工具或者拥有其他竞争对手没有的资源渠道等。创业者在组建团队的时

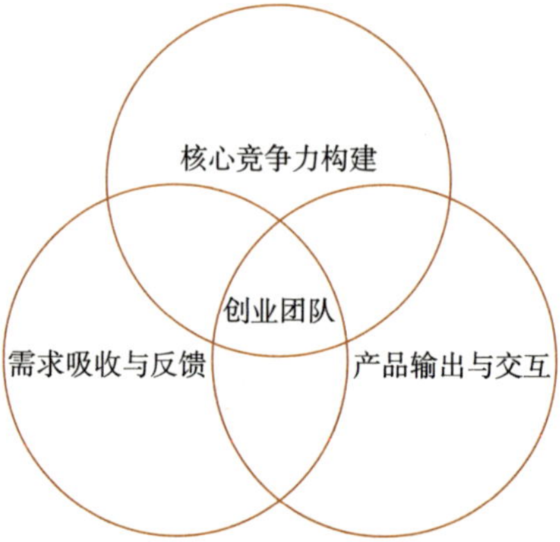

图 5－3　团队组织结构三要素

候，首要考虑的是核心竞争力的构建过程是否需要吸收其他成员加入。如果需要，核心竞争力构建功能下的分组织是什么；如果你的核心竞争力在于技术，你会吸引技术人员组成技术研发团队；如果你的核心竞争力在于营销渠道，你会建立营销部并且招募能够构建你核心营销渠道的创业伙伴。

（2）需求吸收与反馈。创业者在寻求创业伙伴阶段应该已经明确项目能够满足何种市场和用户的需求了，因此需要设置成员收集市场用户的需求并做出合适的反馈。也许创业者在起步阶段暂无用户和市场需求的信息，但我建议一开始，创业者的团队就需要吸收和组织能够实现该功能的创业伙伴，这样才能满足创业者对产品和商业模式迭代更新的需要。

（3）产品输出与交互。在另一端，创业者需要把创业产品输出到市场和用户手中，并且与市场和用户进行信息交互。产品输出包括两个层面：一方面，产品需要设计、制造和生产，这是创业产品的生成层面；另一方面，产品需要营销和传播，这是创业产品的推广层面。在创业初期，虽然产品品牌知名度低，生产规模不大，但是我建议创业团队不仅需要产品设计制造方面的成员，也需要吸收产品宣传推广营销方面的成员。

读到这里，也许创业者会产生疑问：前文才提到创业初期资源和资金有限，如何支付满足这三个要素的创业组织成员的成本呢？考虑到创业者面临的这个局面，大家可以看到这个创业团队构建功能组织模型是三个重叠的圆。在创业初期，常常会出现一名组织成员身兼数职的情况，例如，成员同时是技术核心构建者和市场营销负责人，或者其他复合型组织人才。但是不管如何配置，我建议创始人在创业初期建设团队过程中，要同时考虑满足这三个基本组织功能需求。

案例

这群MBA学员们兴致勃勃开了一场过于理想化的创业项目众筹会议

某天，收到一个大学校友的微信，说他获邀出席大学MBA校友们的一个聚会，但是当天他出差在外，无法出席，问我是否方便代他出席。我一口答应了。

聚会地点在学校的一个餐馆包间，一桌坐满了十五六个人。这些人基本上全是我大学的MBA校友们。

寒暄结束，发起人进入了正题，邀请大家到来是为了探讨一个众筹项目。发起人想在大学内做一个创业咖啡馆，吸收大学内的学生、教师在咖啡馆内交流创业项目，收入来源主要为咖啡、甜点等食物消费，还有活动场地出租费。

发起人煞有介事地给每人发了一本商业计划书，上面赫然写着“众筹，一万元起投”。

这个众筹项目并不罕见，众筹咖啡屋在北京有很多的成功案例，如总理光顾的3W和新闻联播报道的车库咖啡等。

不过接下来的交流却非常让人失望。

首先，谁负责咖啡屋的运营？包括发起人在内10多个同学都自称太忙，他请来了一位学校外某咖啡屋的店长，一个染着黄头发的年轻人，年纪在20岁左右，来全权运营。

其次，谁来管众筹收集到的资本？发起人说让这个 20 岁的年轻人管。一问才知道，这人并非发起人的亲戚朋友，而是他一个月前喝咖啡时候认识的，也就是他并不熟悉这个咖啡馆店员。

最后，谁来开拓业务？大家不约而同，没空。怎么办呢？雇佣学生来兼职推广。

我听完了这三个小时的交流之后，感觉这个众筹咖啡屋的方案只能活在梦中了。

创业想法可以离经叛道，可以幼稚可笑，但不能毫不落地。如果无法落地，再理想的策略设计也不可能实现。

案例分析

本节案例中列举的就是一个创业者在初创期的团队组建失败案例。该创业项目发起人在招募团队的过程中并没有考虑到创业项目团队组织的三个基本功能要素。这家众筹咖啡馆的核心竞争力包括学校渠道及学校场地资源等，但创始人并不愿意承担起构建和巩固这个核心竞争力的角色，且没有对此吸收组织成员的计划；在产品输出与交互方面，创始人招来才认识不久的咖啡店年轻店员，希望让他全权打理，而该店员并没有要全职投入项目的打算；在市场用户需求和反馈方面，该创始人更是没有做考虑。基于本节提供的工具，我对该案例中创业项目的创业团队组织结构设计如下。图5－4中列出了基于案例创业组织的三个核心功能下的成员职责，在创业初期不排除出现由一位创业成员身兼数职同时满足多个功能的情况。

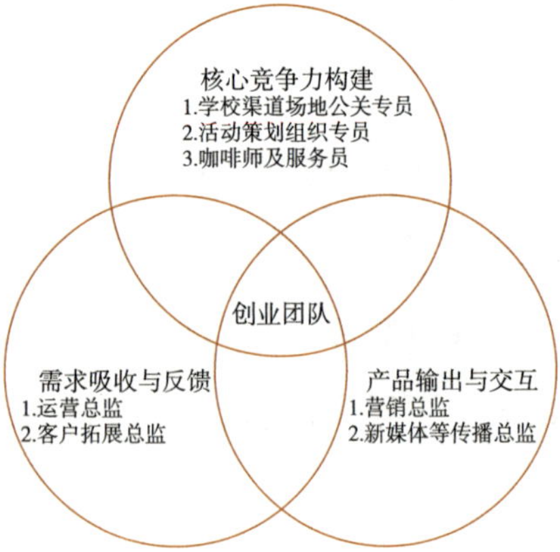

图5－4　案例团队组织结构设计

招人预算就这么多，
怎么样才能找到合
适的人呢?
招人预算：XXXXX

工具 17　创始人与团队成员供需平衡曲线

创始人明确创业项目对团队成员发挥功能组合上的需求之后，下一步将是一个充满挑战的过程，就是如何吸引合格人才加入。在创业初期，团队成员愿意跟你同甘共苦开拓事业的原因是多方面的，包括创始人的人格魅力、创业经验、学识技能、渠道甚至运气等因素，但这些因素无法界定，也不是创始人可以量化控制的。我建议创始人可以通过考量可以掌控的因素，来吸引合格人才的加入。

很多创始人在创业初期组建团队过程中会存在下列误解：

首先，创始人片面追求技术或者资源方面的“资深人士”。富有工作经验的人虽然能够在经验和人脉上让创业项目少走一些弯路，但是在创业初期，这些人是可遇而不可求的。如果创始人将大量的时间放在寻找中，创业项目会因为延误而失去抢占市场的先机。等创业项目进入真正成长期，自然会吸引更多富有经验的专业人士加入。

其次，创始人认为在创业初期需要投入重金去挖掘人才。在项目初期，创始人如果资源有限，即使重金挖到合适的人才，也会面临着项目仅有创意、产品仅停留在原型设计阶段、渠道没有建立起来等实际状况，在这样的情况下也不利于创始人精心打造的团队完全发挥实力。因此，我建议创始人基于实际情况，寻找能满足创业团队基本功能的人才，且要适当控制人数，而不要盲目地投入大部分的创业启动资金到创业团队的搭建上。

最后，创始人希望通过对项目未来前景的展望吸引人才。创业项目如同创始人的孩子，因此创始人必然会对项目前景充满信心和激情。不过，我建议创业者在选择团队成员的时候，也需要换位思考，探索团队成员的需求痛点，对团队成员的需求与项目的需求做一个衡量。

创业团队成员的吸纳过程是创始人与目标成员之间的均衡过程，创始人需要考虑创业初期的基本现状和需求，也需要考虑待吸收的团队成员的能力和需求。因此，在成员吸引判断方法上，我建议可以参考下列供需曲线的方式（如图 5 -5所示），重点考察两个维度下创始人和成员之间的供需平衡，这两个维度为薪酬和能力。需要指出的是，这里的薪酬包括创业初期能够提供给成员的薪酬，也包括创业发展起来后为成员提供的各项股权激励或者未来薪酬增长条件；另外，能力也包括成员现在的能力和自身发展潜力。这样设置维度定义是为了让创始人用一种动态的眼光去考察和吸纳团队。

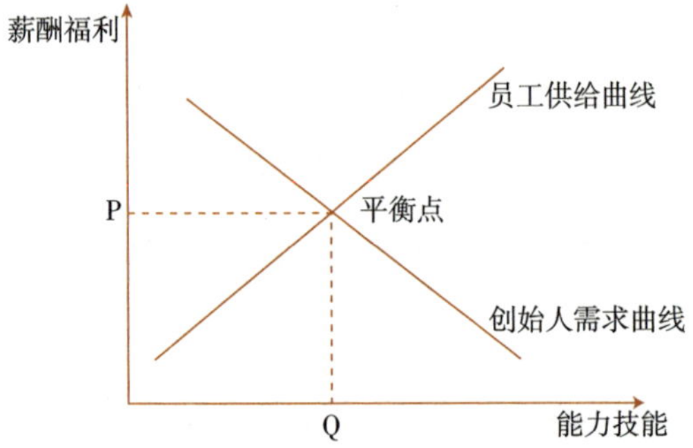

图 5－5 团队成员吸引供需平衡曲线

该供需平衡曲线参考了经济学中的市场供需平衡曲线，主要考虑薪酬福利和能力技能两个核心维度。在创始人需求这个维度，出于商业利益考虑，创始人倾向于用尽可能少的薪酬福利成本吸引技能尽可能完备的员工；而在员工层面，则倾向于用更少的付出争取更高的薪酬福利。这个曲线揭示了创始人和员工存在的一种利益博弈，我认为这种博弈并不会因为项目的内容不同而消失。因此，创始人在吸纳成员的过程中，需要考虑如何兼顾创始人和员工的需求，努力通过与员工的交流探知一个平衡点，在这个平衡点上，双方薪酬福利和能力技能预期都能得到满足。这个工具让创始人能够去繁就简，基于最基本的两大维度，动态思考团队成员吸收的问题。在这个思维逻辑下，创始人会随着创业项目的发展持续考虑如何满足团队成员的痛点，让团队更加稳固。

案例

这位传媒副总监想要做一个在线育儿网络平台，但他招初创团队的做法却有点儿问题

我有个业余爱好，工作之余会涂涂画画一些绘本小漫画发到网上，就这样日积月累，也有了几百幅。某一天，有人在微博上私信我，说他想做一个幼儿早教的培训平台，正在招初创团队中的画师和题材策划者，发现我的绘本漫画的画风比较适合他想象中的教材风格，就想约我出去聊聊。

没想到业余爱好还能得到肯定，我再一看他的微博，是一个加 V 认证号，个人信息居然写着某知名门户网络传媒集团的市场副总监。我感觉好奇而又开心 ，就约他在一家著名的创业咖啡馆见面。他戴着眼镜，斯文沉稳，年纪看起来大概 40 岁，眼前放了一台笔记本电脑。

他介绍说刚从单位离职，打算创业，分析了市场痛点之后，认为早教平台是比较有前景的方向，也是他比较感兴趣的方向，所以就以这个作为创业项目尝试找团队。这个平台主要面向幼儿的父母，用动漫段子的方式设计培训教材呈现

给网站用户。其中绘画和内容方面他找到了我，想问问我是否有兴趣加入他们的团队一起创业。

一位有丰富经验的创始人就这样给我抛来了橄榄枝，我接还是不接呢？当时我考虑了一下，涂涂画画毕竟是我的业余爱好，如果用来作为自己的工作内容，那之前积累的专业经验就无用武之地了。此外，基于现实生活问题考虑，他提供的薪酬并不是很吸引我。考虑后，我跟他说可以兼职帮他做内容提供者。但是他希望我能辞职全力以赴帮他建设这个幼教平台，进入初创团队，最后我们没有达成一致。

在公司任职和创业还是有很大差距的，创始人在辞职创业前不如先做一些基本市场调研以及团队等资源筹备，思考项目能够给团队带来的利益和付出的成本平衡，再出来创业也不迟。

案例分析

在这个案例中，该传媒高管想要创业，创业想法是学前在线素质教育网站，商业模式是作为内容供应方将优质的培训内容：课程动画视频或漫画提供给学前儿童家长以及其他培训机构。在确定这个想法之后，他开始物色团队成员。虽然在与我接触的过程中，他认为我的创作力和绘画技巧能够给他的项目带来帮助，但交流过程中我认为他对初创团队的供需平衡条件的考虑尚未清晰。在我们初次面谈过程中，其实是创始人和初创团队成员之间的利益平衡和博弈的过程，基于这个案例，我用供需曲线来描述这位创业者的团队成员吸引思路如下：

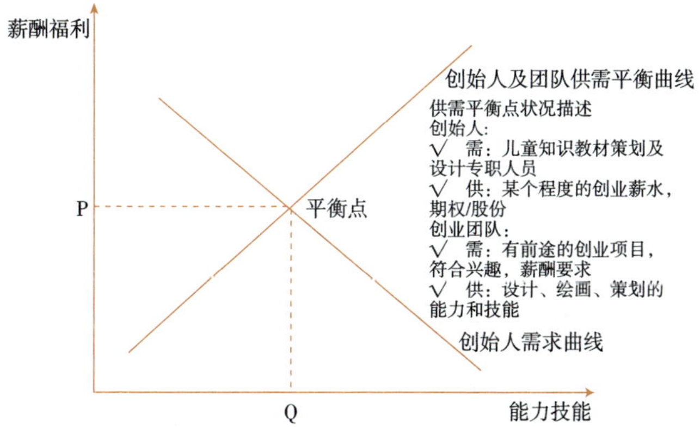

图5-6　案例团队成员吸引供需曲线分析

张主管运营
王主管技术
李主管销售

工具 18　股权激励考虑因子比重维度图

在创业初期，项目资源和资金有限，创始人无法给核心团队成员支付较高薪酬及福利。为了让掌握核心技术或资源的团队成员与创始人一起开创新的事业，需要通过出让公司股权的形式给予团队成员一定的经济权利，使他们能够以股东的身份参与企业决策、分享利润、承担风险，从而尽职尽责地为创业公司的长远发展服务。

股权激励是一套非常复杂的理论，并且随着公司规模的扩大和人员的增多，股权分配方案会进行更加科学的设计，其复杂程度有增无减。企业在拟定初次公开发行股票上市（IPO）之前的股权激励设计就是一套非常复杂完备的方案。本书主要关注的是创业初期的企业，初创企业与拟定上市的企业相比，公司运营结构要简单得多，需要激励的创业成员数量也很有限。本节主要就创业初期创始人如何开展股权激励分配提供一个分析工具，帮助创始人更高效地确定股权分配方案（如图 5 - 7 所示）。

股权激励的核心要素包括定人、定量、定价等。在创业初期，人员数量较少，确定激励对象个人的股权可以基于具有代表性的几个维度来开展。本书选择了五个初创团队需要考虑的代表性维度，基于这些维度来估算股权定量分配的量：技术、人脉、职位、薪酬和工作年限。创始人根据这五个维度，可以快速地定义合伙人的贡献力度。

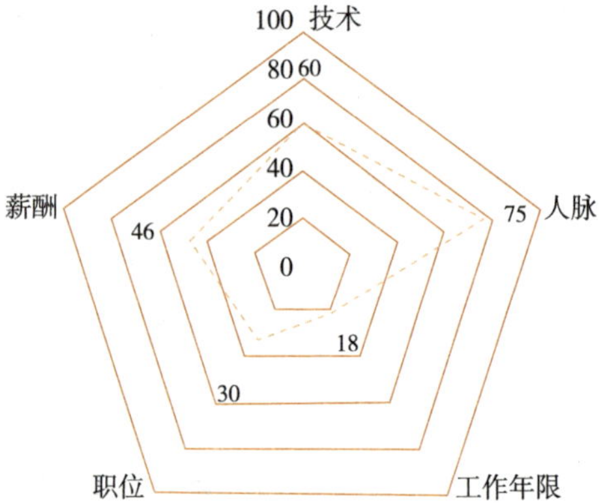

图 5 - 7　创业公司股权激励考虑因子比重维度图

如何使用该工具定位各位创始成员的贡献值呢？假设创始人需要吸收 N 名创始人，这些创始人分别是项目的技术核心力量、运营核心力量和产品设计核心力量。创始人可以对每一位成员从这五个维度去考察，图中标明的纵轴是 100% 股份比例，也就是创始人对某个成员基于某一个维度的具体贡献权重值。例如，某技术人才的加入会在技术维度上贡献

80% 的效果，那么你就在技术维度上标注 80% 。基于需要激励的创业团队成员而言，创始人需要通过项目初期的核心工作了解，以及对这名组织成员的认可程度来评分。当创始人完成对每位成员的评分之后，一个综合评价多边形（图中的多边形曲线）就做出来了，每个端点是在五个维度上该成员的贡献度。

这五个维度评估完成之后，创始人能够比较直观地发现每位成员贡献的大小差异。然后创始人再为每一位成员单独计算出综合得分，计算方法如下：以技术维度为例，创始人可以将所有的股权激励成员综合贡献度加总，然后以加权平均的方式计算出在这个维度上该成员应该得到的股份比例。假如创始人需要出让 30% 的股份作为激励，该创业成员的综合得分占总分数比例乘以总激励股份，就得到了股权激励分配额度参考值。

案例

这家电动车销售平台的项目创始人在激励团队成员上出了问题

我之前在一家有大学背景的企业短暂工作过。这家企业主要经营电动汽车及相关咨询业务。

其中有一位老总在汽车国企工作过。他从公司辞职之后，创办了一个电动汽车经营平台，这个平台主要经营电动汽车出租和售卖。

据说这位老总之前的工作为自己积累了一些人脉，其中有一位专注汽车领域的投资人为他投资了 200 万元。老总带着从之前公司就跟随他的两名手下，一起出来做了这个电动汽车经营及出租平台。

一开始的创业计划是宏伟的，创业想法是理想化的。这位老总立志要把平台打造成为国内知名电动车交易平台。两位同事一位负责销售，一位负责运维，老总负责谈人脉。

随着运营的推进，问题开始暴露出来了。

首先，某品牌电动汽车愿意将一些小型电动汽车出租给该平台作为展示或者实际外租和外售车辆，而如果租车期超过一年，每天就需要缴纳押金 1000 元。这位老总决定省掉这笔租金，跟销售说白天从电动车经销处开到办公室楼下，晚上又把电动车一辆辆开回还给经销商。这位销售说当时感觉五味杂陈，这一辆辆来回折腾肯定费时又费力，业务还没有跑多少就把时间耗在这上面。

其次，平台本身只是展示功能，没有开发交易支付功能。据说这位老总花了 10 多万元在这个互联网平台开发上。与其花费高额的费用（相对于总体投入而言）在建设平台上，还不如花在营销推广上。

最后，这老总大的战略没有研究多少，小富意识却很重，忽略了对团队成员的激励措施。他的天使投资一次性到位后，立刻把自己的车换成了路虎。

这样的经营结果可想而知。后来销售离开，网站没有人运营，老总的路虎卖了换成低价位车。项目应该是做不下去了。

创业负责人如果只注意与业务无关的细枝末节，缺乏整体战略的把握是很难成功的。

案例分析

这个案例中的电动车销售平台发起人吸引了网站运营和市场销售两个方向的成员作为项目联合创业成员，如果创始人需要对成员进行股权激励，我通过本节的工具做出估计如下：

假设创始人需要拿出总计 10% 的股权以激励负责运营技术及市场销售的两位创业团队成员，在做出五个维度评估之后，可以看到两位成员的主要贡献度，由于管理运营技术和管理市场销售的人员分别只有一位，所以不需要在同一个组织功能中再加权分配，而是基于两位贡献值进行加权分配，最后计算得到运营技术负责人的激励股权分配为：

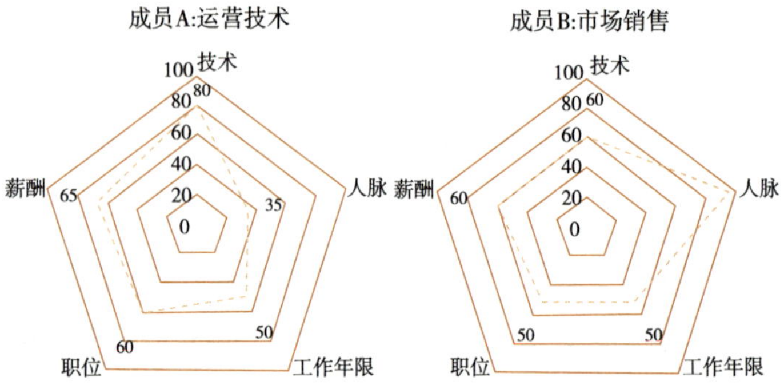

图5－8　案例创业公司股权激励考虑因子比重维度图

成员A：（80＋35＋50＋65＋60）/500×10%＝5.8%，而市场销售负责人的激励股权分配为4.2%。

假设情况变得复杂一些，运营技术负责人有两位，需要对这一个功能部门下的两位创业成员进行股权激励，则可以用所有人分别的综合评分占总分比重来分配股权，也可以根据创始人设定的分配给运营技术所有成员的总股权，然后再运营技术各成员综合得分权重分配总的运营技术股权激励配额。

想把股权分配给
员工A、B、C,具
体怎么分配呢？
股权

工具19　创业企业文化流程及核心问题清单

创业者在创业起步期就需要关注企业文化的建设。企业文化主要是指创业企业的环境与个性，是企业成员所认同的价值观念、遵循的制度规范以及表现出来的行为方式等。**创业企业文化是团队文化，其形成要依靠包括创业者在内的创业团队共同努力，在经营发展中不断调整完善。**

团队建设和企业运营制度都处在起步阶段的创业初期，为何要重视企业文化建设呢？主要有以下两个原因：首先，企业文化具有较强的凝聚功能。创业团队一旦形成共同的价值观，并且创业企业制定的目标取得了全体员工的认同，员工个体就会表现出对企业群体的归属感。成员会积极参与群体事务，为企业出谋划策，做出自己的贡献，以实现共同的目标。其次，企业文化有一定的约束作用。企业文化对员工的约束规范作用主要体现在制度文化对员工的约束和精神文化对员工行为习惯的规范和支配上。创业企业通过其办事规程、行为准则和规章制度等协调企业与员工的关系，规范员工的行为。创业企业文化体现在员工日常的行为方式上，通过员工的工作态度、工作效率、工作积极性和主动性、工作成效等展现出来。

企业文化建设是一个复杂的问题，罗伯特·奎因在 1988 年曾提出“竞争性文化价值模型”。通过“竞争性文化价值模型”可以看到，组织文化类型主要包括四个主要方面，两个维度：根据组织关注的工作内容的不同，可以将企业文化划分为组织内部取向文化和外部环境取向文化；根据组织采取的工作方式的不同，可以将企业文化划分为过程控制型文化和灵活自主型文化；综合组织关注的工作内容和采取的工作方式，可以将企业文化划分为团队支持文化、灵活创新文化、市场绩效文化、层级规范文化四种文化类型。就像人类的血型分为 A 型、B 型、AB 型和 O 型，企业文化也体现出团队支持、灵活创新、市场绩效、层级规范四种“血型”。但与人体血型不同的是，任何一家企业的文化都不会单纯表现出一种类型，而是某一种文化类型占据主导地位，其他文化类型较弱，即企业文化是多血型的融合。企业文化的四种“血型”既相互补充，又相互制约。当团队支持导向处于强势地位时，其对立的市场绩效导向就会偏弱。我国大部分国有企业都具有严格的层级规范导向，其灵活创新导向就显得不足。正是这种补充和制约，使企业在面对市场变化时会出现相应的调整和改变，以迎合市场的需求。

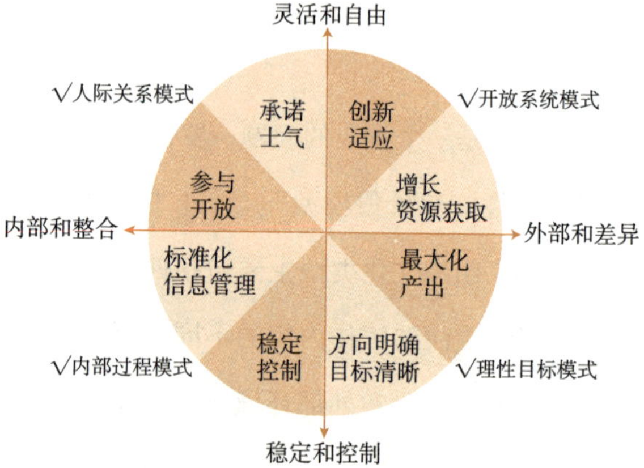

图 5－9　创业企业文化竞争力构建模型

为了更好地对创业公司的企业文化进行定位，本书提供下列创业企业文化制定步骤和问题清单。创业企业在建设本企业文化的过程中可以根据下列四个步骤开展企业文化的梳理：

（1）创业企业及创始人自我认知剖析阶段

知己知彼，百战不殆。自我认知是建立企业文化的第一步，创始人才是企业文化基因的缔造者。创始人对企业和自我认知越清晰，越能形成明确的企业文化，进而不断对企业文化反省和更新，构造出更有竞争力的企业文化。在自我认知阶段，创业团队可以对下列问题进行详细分析：

A. 企业竞争力优势及强项是什么？

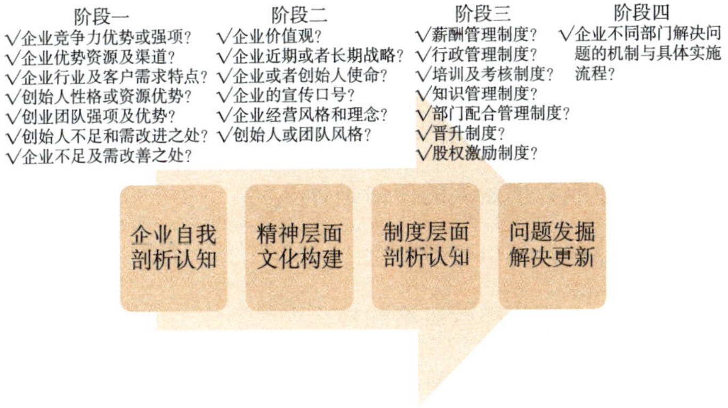

图 5－10　企业文化构建流程及问题清单

B. 企业优势资源及渠道有哪些？

C. 行业及客户需求特点是什么？

D. 创始人性格或者资源上有哪些优势？

E. 创始团队的强项及优势有哪些？

F. 创始人不足及需要改进提升之处有哪些？

G. 企业的不足和需要改善之处有哪些？

这些问题的答案将会让创业团队在建设企业文化制度中先认清企业的本质，将自我清晰认知作为制定企业文化制度的基础。

（2）精神层面的文化构建

企业文化贯穿在企业各级结构和各项经营活动中，因此企业文化建设的下一步需要在精神层面形成企业的特点。建议创始人从下列代表企业精神层面的定位上输出界定性的文字：

A. 企业的价值观是什么？

B. 企业近期和长期的战略或者规划是什么？

C. 企业或者创始人的使命是什么？

D. 企业的宣传口号是什么？

E. 企业有哪些经营风格和理念？

F. 创始人或团队的整体风格是什么？

通过对这些问题的梳理，创业团队能够形成企业的整体价值观、愿景和使命，下一步才能基于这些精神层面的定位制定各项企业管理和运营制度。

（3）制度层面的文化构建

精神层面的文化需要落实到具体的制度上，才能让创业企业各成员明确文化如何与日常工作相结合。因此，基于上述精神层面的文化构建，下一步需要创业团队制定各项制度，并通过制度来表达企业的愿景和价值观等文化，同时也能为创业团队提供可以遵循的企业文化实现途径。在制度层面的文化构建，创始人可以考虑以下几方面的制度：

A. 薪酬管理制度

B. 行政管理制度

C. 培训和考核制度

D. 知识管理制度

E. 部门配合管理制度

F. 晋升制度

G. 股权激励制度

这些公司运营制度在制定过程中其实都需要以企业的精神层面文化为核心，各项制度也是保证企业正常运营和企业文化得到实现的重要条件。

（4）问题发掘、措施提出和更新

企业制度提供了创业团队需要遵循的规则，但是在实践过程中，需要形成具体的行动方案。在最后的阶段，企业文化从制度进入到实际措施。在这个阶段，企业成员结合自己工作中出现的问题，对症下药，提出各种措施。创业企业可以基于团队不同功能部门在运作过程中出现的具体问题，找到症结根源并提出解决方案。根据措施实施的结果及时反馈和更新企业的这些措施，甚至更新制度或者战略层面的企业文化。

案例

注重点心质量，这家连锁点心店发展十年后每家店顾客爆满

在十多年前，我还是大学生的时候，我们学校对面开了一家点心店，这是他们在北京的旗舰店。

那个时候，北京并没有多少西点店，比较有竞争力的点

心店包括一两个连锁品牌。那个时候，点心是一种比较昂贵的食品。记得在这家点心店开张之前，另一家开业早的连锁品牌一块蛋糕为 6 ~ 8 元。以当时人民币的购买力来说，8 元一块蛋糕价格已经是比较高的，而这家新开的点心店一块蛋糕超过了 12 元。

那个时候，这家店宣传的进口淡奶油、进口果仁、巧克力和奶酪等广告都无法阻止这家点心店给人留下的产品价格高的印象。

随着时间的推移，这家店数十年如一日地保持着点心的质量。这么多年来，点心的种类推陈出新的速度不是很快，但凭着优良的质量，这家点心店在北京各区开起了一家家的分店。

这些分店的选址一般在人流量大的地铁出口处。每到下班时间，这些分店都人气爆棚。看来这家点心店以较高的产品质量克服了多年来点心价格上涨带来的不利影响，并赢得了大量顾客的心。

《引爆点》一书里描绘了这样一种经济规律：在起步阶段也许某种商品因为需要兼顾质量和设计，价格较高，并不会被普遍接受，但随着市场的需求变化，在同类商品中，质量好的产品在某一个量变积累引起质变的时刻，突然引爆了市场，成为一个广泛流行性的产品。这家点心店以多年来坚持的高质量和食物口味让其变成了一个市场主流代表。如果它投机取巧，过分考虑其他因素而未考虑质量，也许就达不到这个效果。

经得起时间的考验并能让创业企业立于不败之地的，最后还是创业所提供的产品和服务。

案例分析

案例中的连锁点心店十多年来一直坚持提供优质产品。在开业早期，坚持用进口原料和狠抓质量会使企业的成本增加，但是在多年的坚持中，随着用户口碑和用户生活质量的提高，他们逐渐变成同类企业中最受欢迎的企业。采用本节提供的工具，对案例中的企业文化做出下列设计和分析。

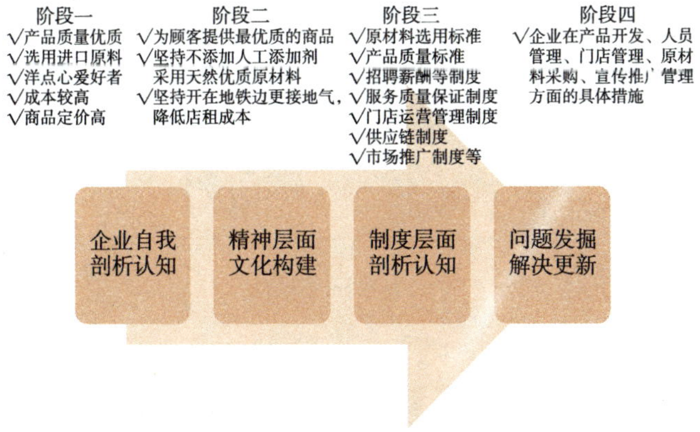

图 5－11　本节案例企业文化构建流程及问题清单设计

知己知彼　百战不殆

创业团队组建必须避开的误区

误区一：团队只要有技术核心人员即可，技术强则团队强

创业者在开始创业的时候认为只需要将技术团队组建出来，即可完成创业项目的团队组建。如果创业项目以技术型产品或服务为主要竞争力，掌握核心技术的人员是创业团队核心之一，但并不能代表全部。在本章关于创业团队如何组建的内容中，也建议创业者不仅要考虑核心技术构建，也需要考虑产品输出和市场用户反馈方的负责人员。如果创业团队中的核心技术人员无法实现技术构建外的功能，创业者就需要寻求其他市场或者产品运营方面的人才加入团队，以更好地实现创业项目落地。

误区二：构建一支亲如兄弟的团队，但权、责、利却没有分清

在创业初期，创始人和团队成员因为志趣相投在一起开创一项事业。大家惺惺相惜、理念相同，兄弟义气十足，牺牲了各自在公司内部的美好前景，夜以继日地奋斗在项目产品和商业模式开创上。但众多初创团队的经历表明，在项目初期最好能够将创业团队各成员的权、责、利分清楚。因为随着项目的推进，团队之前的“蜜月期”终将结束，团队成员之间的不同需求会逐渐体现出来。如果这个时候因为需求不同产生了矛盾，将会对创业项目产生很大的影响，甚至因为创业团队意见不合，分道扬镳而导致项目终止。为了避免这种情况，为了保护全体项目股东的利益，建议创业团队在组建之前一定要用协议的方式将成员之间的权利、责任和享受的股份等利益明确，并且明确在不同情况下团队成员退出时候的股份处理和转让机制。不要担心伤害兄弟情谊，创业成员在做一项严肃的事情，并非兄弟姐妹一起出游或者饭局。如果大家感情深厚，在创始人提出这一项要求的时候，各位创业伙伴也是会理解的。

误区三：为了组建豪华团队，贸然与不认识的成员一起合作

一些创业成功的案例都会这么表达创始人的创业初期经

历，创始人用自己的独特魅力和强有力的项目理念征服了某位不认识的技术或者商业大拿，这位牛人加入之后保证了项目成功。这里建议创业者不要贸然与不熟悉的成员一起合作创业，因为创业是一个长期持续的过程，如果在谈好合作条件之后才开始了解成员的能力、经历、目标和个性是否一致，将会对项目推进产生非常大的影响。创业者在物色团队的时候，就需要尽量对这位成员知根知底，如果时间允许，通过多交流或者做背景调研的方式对这位成员进行考察，并且创造一些磨合的机会。通过交流和接触尽快确定这位成员是否适合你的创业项目，然后再考虑是否与之合作，共同开创一项事业。

误区四：在股权分配方面过于平均

为了表现创始人对团队的重视，创始人将股权在初创团队内部平均分配，这样的激励方式存在着一个潜在的风险：过于平均的股权分配也许会阻碍项目形成竞争优势。本章中已经介绍过，每个创业项目的优势是不一样的，你的项目是技术产品或者服务优势，而他的项目也许是渠道优势，因此每个项目对担任不同领域的团队成员的需求度是不一样的，这样不同部门中的成员承担的责任也是不一样的。如果股权分配过于平均，会造成处于本项目核心竞争力部门的成员们承担更大的责任却无法享受更多的权益，这样会造成团队成员之间的矛盾，不利于项目的顺利落地。同时，如果创始人不占大部分股权也不利于发挥话语权，并且创始人也没有承担最大责任的动力。因此，从一个中长期的角度来看，过于分散、平均的股权结构对公司可能是隐忧，乃至于成为公司发展道路上的一个“暗雷”。建议在项目初期，创始人占绝大多数股份，并且根据项目侧重点、工作量及责任不同给创业成员分配不同比例的股权。

误区五：项目初期没有起色的时候，所有成员都是兼职创业也可以

创业是一个需要全身心投入的工作。在创业初期，也许面临着项目前景不明确、资源资金有限等诸多现实问题，创始人及其他成员会在现有主要工作之余兼职创业，这是非常正常的现象。但建议创始人在经过一段时间兼职状态的思考和实践之后，全身心投入到创业项目中。如果不这么操作，创业项目是无法正常运营和持续发展的。因为随着市场环境的发展和竞争步调的加快，创始人可能会遇到爆发式增长的市场机会，如果等创始人觉得自己准备好了的时候，没准市场上已经有上百个竞争对手了。同时，假如所有团队核心人员都是兼职创业的状态，投资机构也不会考虑对这个项目进行投资。为了项目能够向前发展，至少创业核心团队成员需要脱离兼职状态，全身心地投入到创业项目运作之中。

误区六：创业企业只有发展到一定规模才会有企业文化

在创业项目营收平衡之前，创始人会认为努力做产品、做市场和做商业模式已经将自己的所有精力和物力都占满了，没有时间也没有必要构建企业文化。但现实是，企业文化和企业能否成功是息息相关的。创业初期不一定要制定完整成熟的规章制度，但一些人才招聘和运营方面的企业文化建设会影响到创业项目运作的效率。例如，招聘的创业成员对你的产品和服务所在的行业领域不感兴趣，那么在某些方面这些创业成员只是把你的项目作为其中的一项工作而已，在关键时刻也许他会有认同感偏低的问题。如果遇到挑战，这些成员会选择离职而不是跟创始人一同奋斗，而重新招聘合适的成员也会影响创业公司运作效率和项目落地进程。此外，企业文化不仅是招聘合格的人员这么简单，在运营上也会对项目落地有明显影响。例如，企业的扁平化管理或者企业创新反馈机制，或者企业知识沉淀方式等，这些都是企业文化构建的一部分，并影响着创业项目的成功。建议创业者在开始的时候，即使没有一份企业文化手册，也需要思考在运营各方面如何构建企业的文化以取得竞争优势。

误区七：创业初期，团队所有任务明细都需要放在同等重要的位置考察

在创业初期，各方面的工作都尚待完成。但建议团队任务明细不应该是团队成员目标的汇总，而应该是一份简短的清单，言简意赅地陈述团队为哪些工作而存在，团队需要合作完成哪些任务。实现团队能力及工作的整合大于各团队工作任务的简单加和。因为这样安排将帮助团队成员保持专注，帮助整个团队与组织沟通，协商优先事项和资源。同时，建议列出紧要事项清单，根据清单确定团队必须完成的工作和团队成员实现核心目标所必需的互动方式。如技术研发团队的最紧要任务是研发出核心产品，那么产品输出和市场调研反馈等实现其他功能的团队在该阶段也需要利用成员优势尽快推动创业项目核心产品的实现。

第 6 章

你需要一份有吸引力的商业计划书

工具 20　商业计划书框架同心圆

创业者在产品服务、商业模式和创业团队等核心筹备工作上形成一套比较完整的方案之后，下一步需要将企业的商业计划完整地体现在对外展示的商业策划书上。本节就来具体聊聊初创企业如何制订一份比较有说服力的商业计划书。

在正式开始编写商业计划书之前，创业者需要明确，即使你很早就将介绍材料发给了投资机构或者投资人，但是当你有机会向投资人当面介绍你的项目时，他对你的项目也依然是陌生的，因为你的项目策划书很可能是这位投资人本月看的数百个项目中的一个。**因此，你必须把握有限的展示时间，用最清晰的思路向投资人介绍你的项目实力。**为了让创业者准备一份思路清晰的商业策划书，本书设计了下列商业计划书结构图，方便创业企业参考。

该图根据由表及里的顺序编排商业计划书的通用结构。首先，向投资人介绍你是谁。在这个层次上主要介绍你的创

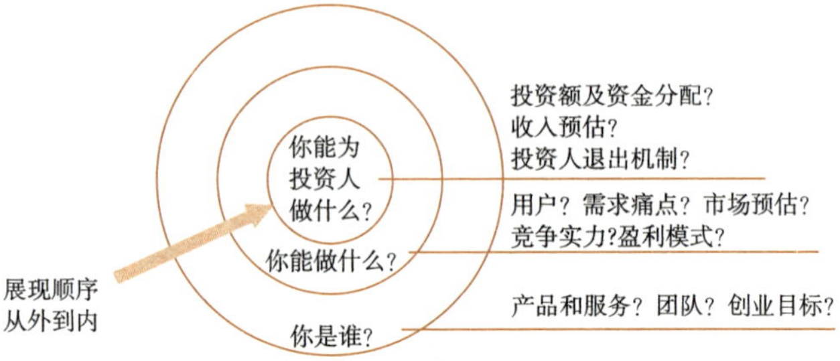

图6－1　商业计划书展示框架结构

业目标、产品和服务、项目团队等，让投资人在整体上了解创业项目的基本情况。其次，创业者需要向投资人介绍你能够做什么。这个层面的内容包括：定义用户及需求痛点、总结项目的竞争实力、提出项目的盈利模式及整体市场的预估。在上一部分的介绍中，投资人已经对项目总体情况有所了解，在这一部分中，体现你对市场和用户的价值是说服投资人的重要内容。最后，说明你能为投资人做什么。这一层的内容包括：投资额需求和资金分配、未来规模和收益预估，以及投资人退出机制。很多创业者都会忽略投资人退出机制，我建议创业者即使在早期编写的策划书中，也需要提到投资人如何实现利益并且使投资增值退出的内容，因为投资人会认为你进行了换位思考，体现出创业项目的合作共赢意识。

在商业策划书内容编写上，三个部分内容比重如何分配呢？我建议创始人按照下列内容分配比重比较合适：“你是谁?”这部分占商业策划书全部内容的 10%；“你能做什么?”这部分占商业策划书全部内容的 60%；而最后一部分“你能为投资人做什么?”占全部内容的 30%。这样编排能让你把重点放到介绍你的项目实力上，而且你的商业策划兼顾了投资人和项目的利益，并愿意与投资人共同承担风险。

案例

这个项目提供了一款智能手环，但是商业计划设计有问题

有个创业者跟我提到一个创业项目，是一款智能手环。

智能手环已经不是什么新奇的产品了。2013—2014 年，智能穿戴设备属于热门投资领域之一，智能手环品牌和产品层出不穷。轰轰烈烈的风潮过去之后，智能手环价格甚至低到了几十元，属于电子产品中的白菜价格。

那这位创业者的智能手环有什么科技创新呢？根据他的说法，这款智能手环能够在水下使用。我原以为是用防水材料制作，这无创新可言。

不过他提到这其实是技术创新。原来智能手环一般用蓝牙来连接手机和电脑，而蓝牙信号在水中传输深度一般在一米左右，因为水对信号的阻碍和吸收，蓝牙连接的电子设备

即使是防水的，在水下也会因信号传输不畅而不能使用。为了解决这个问题，他的想法是利用无线电的一个技术作为防水手环和手机设备的连接信号技术，能够在水下传播信号达到 1 ~3 米。

那这款手环的用途在哪儿？他的设想是针对孩子，在泳池或者海边游泳的时候，如果因为溺水导致心跳和血压脉搏激烈变化，智能手环能够使岸上的报警设备发出信号，通知家长和救生员。不可否认，这个需求是成立的。

但是他的计划在很多方面都没有想好。

首先，我简单查阅了一下。虽然现在蓝牙水下平均传输信号是 1 米左右，但也有能够实现 3 米的。就算这款手环无线电通信技术在水下能够达到 3 米，但在岸上肯定也会有所衰减，那接收报警的设备需要安排到离岸多远的位置？如果距离非常近，也许救生员就能看到孩子遇险而施救。

其次，这款手环针对浅水游泳和水下作业，家长可能不会去买，因为很少有孩子天天游泳。那游泳池或者海水浴场会购买吗？这取决于这套报警设备和手环的价格。然而这块市场的用户并不多。

最后，通信技术号称能够在水下 3 米的深度传播，但是这个传播距离并不长，遇到 4 米、5 米深的泳池和海水浴场估计就不行了。

创业者需要摆脱技术可行就产品可行甚至市场可行的误解，学会换位思考。

案例分析

本节案例中的产品是一款智能手环，创始人是技术研发人员，始终有一个观念：技术可行就是商业可行。这位创始人在后期如果要进行融资和推荐项目，就需要编写商业计划书，我大致拟定了一个大纲，内容如下：

（1）你是谁？

本项目提供一款智能手环产品，目的在于解决游泳安全性问题，目前团队包括技术研发、工业设计和营销销售成员。在内容细化上可以用对核心技术的原理和创新性、手环的特点及团队成员简历这些方面展开描述。

（2）你能做什么？

这款智能手环能够解决儿童在游泳时的安全性预警问题。儿童在海水浴场或者游泳池游泳时，安全性需要得到保障，佩戴防水的安全性手环，能够在溺水的时候自动发出预警，让家长和救生员通过监测设备及时感知孩子的情况，避免抢救不及时遭遇不测。本项目在市场上首次采用了长距离信号传输技术，攻克了目前的技术难点。产品预估售价为 150 元/个，目前推广城市内的海水浴场和泳池的量是（略），平均儿童客流量为（略）。假设这些浴场或者泳池采购了这款产品，则产品年销售量为（略），推断出年收入，并通过成本推算出项目净利润。

（3）你能为投资人做什么？

本项目拟定融资500万元天使轮，资金分配为：60%作为技术研发，30%用于量产制造以及10%用于宣传销售推广。并详细列出支出项为：原材料、工资、场地房租、设计费等。根据预估的利润，投资人投资500万元天使资金，占股20%，则假设项目估值翻倍，投资人将在2年后溢价一倍股权退出。

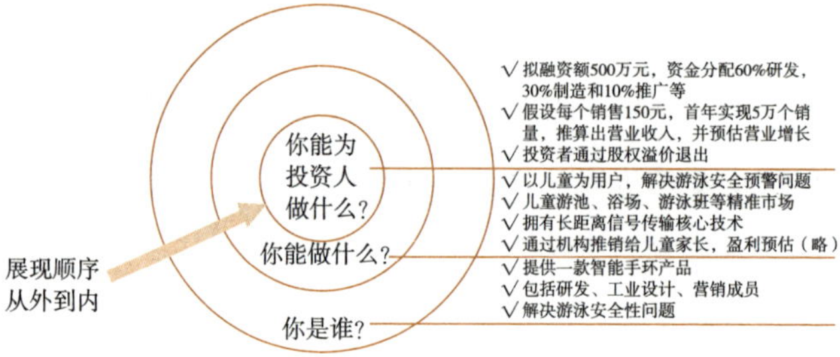

图6－2　案例商业策划书展示框架设计

好的商业策划书是你展示项目的第一步

工具21　商业计划书优化三维度

创始人将商业计划书编写出之后，需要根据投资人及用户的反馈和对项目的深入思考对商业计划书进行调整。本节主要探讨创业商业计划书编写上的一些创新。创业者首先要改变一个对商业计划书的认识误区，就是商业计划书的优化仅是对内容进行调整。既然商业计划书是一个产品，建议创业者基于图6－3中的三个维度对商业策划书进行优化，即内容、结构和外观。

（1）商业计划书的内容优化

内容仍然是商业计划书的核心，包括上节中提到的项目技术壁垒、商业模式的创新性和核心竞争力等内容的修改都属于内容优化。我建议在商业计划书内容的优化上，创始人可以根据不同投资人的关注侧重点进行内容优化。投资人可以分为两类：一类是专业投资机构，另一类是企业家。侧重数据、分析和模式的投资公司大都具有外资背景，这类机构

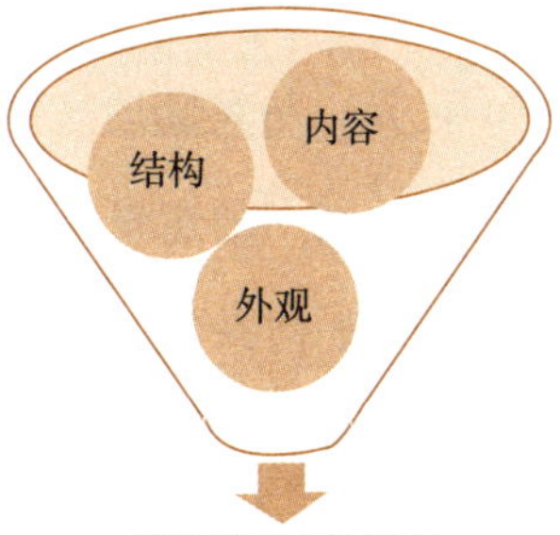

图6-3　商业计划书优化三个维度

的投资人长期考量的商业计划书标准是商业模式、市场规模、是否能够领先于市场竞争者做到行业前列的企业、未来竞争中的潜力如何等；传统行业的企业家之前在本领域已经积累了大量个人财富和经验，基于对资本的投资增值需求，他们转向了投资人角色。为这类投资人提供的商业计划书中，需要更简单明确地说明创业项目产品、定价、市场规模、未来营收和利润预测，同时增加短期现金流的预测，因为这类投资人会更关注1~2年的项目运营短期内所能带来的效益。在内容表现上，尽量不要用模糊的词句，如“代表着全球先进的生产力”这样宽泛而夸张的表达，而是多用数据说话。因为投资人对数据，尤其是市场数据和营收数据会比较敏感，大而空的句子投资人应该已经听得足够多了。

（2）商业计划书的结构优化

在结构的优化上，建议创业者不要过分依赖网络上的模板。一些模板带着非常诱人的标题，例如，这10页的商业计划书PPT成功融资1亿元。与其套用这些模板结构，创业者不如重点考察一下商业计划书的逻辑。商业计划书主要帮你论证一个问题：我的项目如何帮你的投资赚到让你满意的回报，因此论证的逻辑非常重要。一个简单办法是创业者可以将商业计划书的一级和二级标题摘选下来，连成一句话，看是否能够读通顺。如果你读起来都觉得逻辑上不太通顺，那么说明这个商业计划书的结构需要重新调整。

（3）商业计划书的外观优化

商业计划书一般采用Word或PPT作为编辑工具，使用Word编写的商业计划书，建议创始人合理安排图表及图表标签，使图表大小、格式、风格全文统一；而排版方面统一字体和合理安排一级、二级及三级标题，不要做太多的修饰和润色，如增加花哨的Word背景及水印等；章节风格分明，重要的内容，如核心成员、核心投资亮点、数据模型、竞争技术实力、收入利润预估等，重点分配笔墨描述；而次要内容，如前言、行业现状背景、竞争对手分析等适当精简文字，一本Word商业计划书页数在20～30页的篇幅是比较合适的。

如果商业计划书利用PPT作为内容展示软件，在使用PPT的模板上，建议创始人不要迷信网络上流传的模板，选择一些简明清晰的模板，在配色上可以突显内容。同时，以

1 分钟左右一页 PPT 的长度来合理规划 PPT 的商业计划书。假设展示时间为 20 分钟，则商业计划书的篇幅应在 20 ~ 25 页。在 PPT 的展示上，注意用数字说话，图文并茂，切忌在一张 PPT 上编排大量文字，建议创始人在每页 PPT 上展示最多不超过 70 个字。

案例分析

本节依然以上一节中的智能手环为例，分析如下：基于内容、结构和外观三个维度，对本案例提供商业策划书优化建议如下：

（1）商业策划书内容优化

商业策划书在第一版基础上，细化下列内容：技术竞争实力、产品创新性、市场营销渠道、收益预估和盈利预估、市场规模、未来发展等。内容以数字说话，并且层次清晰，论证充分，有说服力。如果产品已经开展了市场需求调研，建议将调研反馈体现在商业策划书的内容优化中。

（2）商业策划书结构优化

A. 公司介绍：用简单的一页 PPT 介绍项目情况；

B. 产品和服务：用两三页 PPT 介绍项目的产品或服务，基于哪些用户的什么痛点，设计出该产品，产品的技术核心；

C. 市场和竞争分析：界定市场容量及核心竞争力；

D. 发展规划：估计工作节点、产量、市场销售规模等未来发展计划；

E. 财务预测：预估财务营收情况及利润增加情况；

F. 融资规模及使用规划：拟定融资规模，出让股份比例及融资使用细分；

G. 投资亮点及退出方式：本项目值得投资的要点总结以及投资如何退出。

（3）商业策划书的外观优化

商业策划书可利用 PPT 作为内容展示软件，由于本项目主要是智能手环，建议选择一个简明 16:9 的宽屏现代配色并带科技元素的 PPT 模板，能够更好地衬托项目产品的主要内容。同时，在 PPT 图片展示上，可以选择一些突显手环技术设计、外观展示及手环应用场景照片，在每一个配图旁边增加不超过 70 个字的介绍，并且重点突出设计和应用场景的诸多细节，以此图文并茂地向投资人展示产品的特性。

要怎么优化商
业策划书啊
优化商业策划书 让你的项目介绍更给力

创业商业计划书编写必须避开的误区

商业计划书是创业者与投资人、项目用户等联系的主要纽带。这里整理出商业计划书编写中容易出现的误区并提供相关建议，供大家参考。

误区一：过于强调技术

项目所提供的产品或服务的技术含量是绝大多数项目的核心竞争力之一，但是商业计划书是向听众展示创业项目如何解决了市场用户的需求痛点，通过什么方式获利的文件，创始人尤其是技术型创始人可能会过于强调自己项目的技术研究课题，把商业计划书写成了技术指南。建议创始人在编写商业计划书的时候不要将过多的篇幅放在项目的技术原理介绍上，而是要去论证项目如何解决需求，赚取利润及可持续发展上，甚至是项目如何帮助投资人实现溢价的目的上。

误区二：对所有的受众使用同一份商业计划书

对所有受众使用同一份商业计划书，会让商业计划显得不够精准，无法赢得所有受众群体的赞赏。商业计划书只能为特定的受众撰写，只有这样才能涵盖和解答他们的关注点与疑虑。对投资人，应该更侧重于论证项目的可持续发展和项目短期内估值增长的潜力；对于团队或者用户，应该更侧重于论证项目的产品服务和市场的广阔性，项目填补了现有市场空白，具有非常好的可持续增长及潜力，等等。创始人从一开始就要清楚商业计划书为谁而写，进而了解受众最想得到的答案，并根据问题的重要性合理安排结构。

误区三：商业计划书用户覆盖面太大或者创业产品服务过多

商业计划书中覆盖的用户群体太大，或者提出众多的创业产品及服务，反而会更加缺乏说服力。因为创业企业在成立初期，即使创始人再有实力，也无法涵盖所有的市场和客户。一个产品及服务的成功会为另外一个产品及服务的推出创造条件。在创业开始，专注于细分市场客户定位及某一款产品的商业计划书会使投资人更加容易相信创始人的项目，并理解你和团队会全身心投入到项目产品及服务的创造及盈利中。

误区四：没有提出创业项目的未来方向

与在最初弄清受众群体进行有针对性的布局谋篇一样，想好商业计划的短期和中期方向同样重要。建议创始人多花时间提炼商业计划的关键点，介绍你的项目未来短期和长期规划，以及商业计划书的受众能够在哪个阶段介入，并且扮演什么样的角色。如果你的听众是自己的团队，目的是向他们介绍战略前景，你可以同他们进行讨论；如果受众是投资人，你就要清楚地告诉他们你的融资需求、时间表和交易构架。从根本上说，商业计划永远不会一次完成，它会随着公司商业规模的扩大而不断被修改，不断对市场中的威胁与机遇做出回应。坚持以上几点，将能够让你在受众面前介绍项目的时候，展现出你的深思熟虑和对企业未来发展走向的清晰认知。

误区五：认为创业项目没有竞争对手，忽略对项目需要改进之处的描述

商业计划书在竞争者分析的部分千万不能提到本项目因为过于创新或者技术实力强而无竞争对手。在现代社会，你应该意识到你解决的是一项已存在于市场的用户需求，在你之前多个项目已经尝试对你提出的用户痛点做出了解决方案。如果你的项目没有竞争对手，也许这正说明了你提出的用户需求痛点是伪需求，并非存在于市场中。因此，商业计划书的受众不会对你的“本项目无竞争”对手这个说法买账。同时，在商业计划书中，需要比较客观地列举出创业项目的不足之处，提出可能的解决方案，这个部分的内容也会让你的商业计划书更有说服力。千万不要忌讳提自己项目的不足，因为同行业内的知名企业都会存在不足，更何况一个处于起步阶段的创业项目呢？建议创始人不要在商业计划书中省略竞争对手分析和项目不足之处分析这两个部分。

第 7 章

是时候说服投资人掏钱了

工具22　创业项目估值维度清单

具有融资需求的创业企业在初创期会面临着如何为项目估值的问题，这不仅体现创始人在初创期对项目价值的评估，更重要的是会影响初创企业在接受种子或者天使投资时投资人的占股评估，对创业项目会产生重要的影响。

创始人并非财务出身，不会采用复杂的经济学模型来评估项目的价值。那么面临项目估值的时候，创始人该如何估算价值才能更客观合理，让投资人信服呢？本书将为创始人提供两套合理的估值方法以供参考。

（1）早期创业公司的估值（种子轮、天使轮）

早期创业公司可以基于初创企业现有的状况进行估值，美国人博克斯提出的博克斯法，就是将初创企业在创意、盈利模式、管理团队、董事会、产品发展前景五个维度，每个维度分配100万元现金估值。如果初创企业在这五个维度中某一个或几个方面具备优势，则该优势相应地可以估值100

万元现金，最后加总计算该公司在初创时期的估值。这个方法比较简单，但在说服投资人的力度上还需要进一步加强，本书将该方法细化如表7－1，同时提供更多的评估条件描述供创业者参考，以提升创业者在初创时期估值的说服力。

表7－1　初创企业估值评估表

估值维度		评分					
		0	1	2	3	4	5
商业模式	商业创意						
	盈利模式						
	渠道资源						
	用户规模						
	市场规模						
创业团队	技术研发力量						
	营销市场力量						
	管理团队						
创业环境	政策环境						
	自然社会环境						

本书将初创企业的估值维度划分为三个方向：商业模式、创业团队和创业环境。三个方向下面包含十个细分维度，这十个维度更细致地考察了创业企业在初创期的企业实力。同时，将企业估值上限假设为1000万元，则十个维度每个维度的最高估值为100万元。通过对十个维度评分就可以得到该维度的估值。例如，技术研发能力，项目虽然处在初创期，但是其核心技术具有领域内的独创性且研发团队是国内一流

人才，则创始人可根据该项上的独特优势评估为 5 分。各维度的估值加和就是初创企业的总体估值。企业千差万别，有的项目不会受到自然环境和政策环境的影响，但是对于技术研发团队的要求很高，则可以不等额平均分配总估值。例如，商业模式分配 400 万总估值，创业团队分配 600 万估值，而创业环境不参与估值等。这样分析的好处在于创业者向投资人展示一种合理的估值思路，而不会给投资人留下这估值是“拍脑袋决定”的印象。

（2）发展期项目的估值（Pre A 轮以后 IPO 之前）

项目在发展期，现金流和商业模式都有所发展，在这个阶段对创业项目进行估值可以采用更科学的财务方法。

常用的项目估值方法主要有下列三种途径：

A. 现金流折现法

这是一种比较成熟和标准的估值方法。主要是基于企业的现有现金流以及企业运营后期可预见的现金流交易，选择货币通货膨胀率或者其他合理的贴现率将未来的现金流折现成为估值时刻的现金价值，然后将企业运营期各年的折现现金价值加总之后得到企业在估值时刻的项目估值。将项目估值扣除项目获得的投资之后，可以得到企业能够获得的净现值。净现值是考虑了风险、支付资本金并获得收益之后的投资超额利润，如果净现值为负数，则表明此次投资没有获得预期的投资回报。这种方法适用性强，相对简单，对于投资方的挑战在于如何尽量合理、准确地预估创业项目未来的现金流量。

B. **乘数法**

乘数法是利用与创业项目类似的参考企业市场价来确定目标创业企业价值的一种评估方法。这种方法是假设存在一个支配企业市场价值的主要变量，称为公司的价值驱动因素，而市场价值与该变量的比值对各企业而言是类似的、可比较的。公司的估值等于公司的价值驱动因素乘以公司价值乘数后得到的结果。该方法最重要的两个步骤在于选定价值驱动因素及乘数。乘数法中比较常用的参数选取为：选择公司未来 12 个月的利润预估作为公司价值驱动因素，选择与创业公司同类的已上市公司所公开的市盈率 P/E 值作为乘数，公司估值为预测未来 12 个月的利润额与参考同类公司市盈率的乘积。使用乘数法估值，如何选择价值驱动因素及乘数会对创业企业估值产生显著影响，因此估值机构会需要较多的时间计算并且调整比率和数字。

C. **投资倍数估值法**

投资机构设立一个期望的投资倍数和退出年限，以此逻辑来评估创业企业某个时期的估值。例如，某投资机构准备向一家企业投资 300 万元，并预计在 3 年后该企业将会以当时企业年收入的 5 倍估值转手。如果 3 年后企业收入达到 1000 万元，则企业的估值为 5000 万元。如果风险投资希望在 3 年后也能得到 5 倍的退出回报，则风险投资退出收益为 1500 万元。假设没有股份稀释，该企业在投资机构投资时价值推算为 1000 万元，即投资机构投入的 300 万元占企业现在估值的比例为 30%。该方法的估值建立在投资机构的投入退出的预期收益基础上，要求投资机构具有对同类企业投资的判断力和相关经验。

案例

这家公司主打动漫 IP，有了漫画、动画、周边礼品、话剧、微电影等产品，如何进行融资估值？

这个创业项目诞生的年代是动漫 IP 第一次进入到成功商业运作模式的年代。那个年代，有一位艺术系的女生创作的一只没有表情和嘴巴的兔子形象成为当时国际最大品牌之一的卡通代言人。这个时候一直苦苦奋斗的动漫人的 IP 产品逐渐得到了市场和资本的关注。

这个项目的创始人决定把潜在受众定位为广大的白领阶层，设计了一系列办公室的卡通形象，把它们制作成漫画在网上传播，逐渐积累了人气。然后，这个项目制作了一些相关的周边：娃娃和笔筒等，在官网上售卖。

如果说上面的业务模式还是小打小闹的话，某一天他们推出的系列真人微电影和话剧就是大制作了，这些制作成本投入很大的系列产品的推出也说明他们在打拼了若干年后得到了资本的青睐。

这个初创项目的产品主要是文化 IP，包括漫画、动画、周边礼品、话剧和微电影等产品。在当时的环境中，文化知识产权可以作为公司的一项无形资产，但是采用何种思路才能更好地评估这些文化 IP 创造的价值呢？在投资人考察过程中，创始人做好初步估值，也能对公司能够有一个自我认知，以沉着应对投资人对项目的融资尽调及融资谈判。

案例分析

本节案例列举的是一家初创企业，该初创企业主要代理知识产权创意转让和产品，IP 可以是文学作品、漫画、动画、电影、话剧、游戏，甚至只是一个概念，或者一个网络热词，只要有足够的人气，就可以后续衍生为电影、电视、游戏、音乐、动漫、文学、周边创意等各种文化产品。这家企业还在初创时期，可以采用本节使用的初创企业评估表格尝试对创业企业进行估值。假设项目在天使融资期估值上限为 1000 万元，每个维度为 100 万元。首先，根据本节提供的企业估值维度表进行评分，最高5分，最低0分，可知该项目的各维度评分情况；其次，根据每一个维度满分估值是100万元，将各维度得分占满分5分的比例乘以各维度的满分估值即：5个100万元，3个4/5×100 = 80万元，2个3/5×100 = 60万元，总估值为：100×5 + 80×3 + 60×2 = 860万元。该项目天使轮估值为860万元，即在800万～900万元。假设创始人需要出让15%的股权给天使投资人，则天使融资需求为120万（800×15%）～140万元（900×15%）。估值没有标准答案，采用该表格是为了清晰地表现创始人对项目价值的综合考量。

表7-2　案例企业估值

估值维度		评分					
		0	1	2	3	4	5
商业模式	商业创意						√
	盈利模式					√	
	渠道资源				√		
	用户规模						√
	市场规模					√	
创业团队	技术研发力量					√	
	营销市场力量						√
	管理团队				√		
创业环境	政策环境						√
	自然社会环境						√

股份该出让
多少合适呢？

工具 23　投资机构尽职调查问题清单

投资人或投资机构对创业项目产生兴趣之后，会安排对企业的尽职调查。尽职调查目的是让投资人对创业项目有一个全面的了解。尽职调查的内容包括企业概况、创业团队、商业模式分析、行业分析、技术分析、财务和资产分析、产品和服务生产营销、质量风险控制及社会效应八个方面，主要考察法律合规性、财务合理性和业务前景。创业者需要在保证提供的信息都是真实的前提下，合理应对投资人的尽职调查。本书为初创企业提供一份尽职调查问题清单。创业者可以参考这份问题清单提前准备投资人的尽职调查所需要的真实材料。

表 7-3　投资机构尽职调查问题清单

调查维度	细分问题	调查点
1. 企业概况	1.1 实际股权结构	对公司自然人或法人股东进行追溯
	1.2 股权结构重组情况	(1) 现有股权结构是否适合投资人进入； (2) 对未来上市或者股权退出的影响（如关联交易）； (3) 中外合资身份问题
	1.3 原有及现有主营业务	(1) 业务情况； (2) 业务转型时间及进程
2. 创业团队情况	2.1 创始人团队情况	(1) 创始人学历、年龄及背景； (2) 脱产、兼职及待招团队创始人情况评估
	2.2 核心技术团队情况	(1) 成员学历、年龄及背景； (2) 脱产、兼职及待招团队成员情况评估
	2.3 核心运营管理团队情况	(1) 成员学历、年龄及背景； (2) 脱产、兼职及待招团队成员情况评估
	2.4 团队构成特点	判断团队属于哪种类型：技术型、管理型、综合型
	2.5 团队关系	师生、亲属、朋友、前同事等关系
3. 商业模式分析	3.1 商业模式可行性	(1) 商业模式描述逻辑性； (2) 商业模式描述清晰性； (3) 该商业模式是否有国内外成功案例； (4) 商业模式是否与经济、科学技术和行业发展阶段相匹配
	3.2 盈利能力分析	(1) 商业模式盈利点是否合理； (2) 项目是否拥有合格的盈利能力
	3.3 可复制性分析	(1) 商业模式是否可以标准化； (2) 项目对商业模式复制的管理能力分析

续表

调查维度	细分问题	调查点
4. 行业分析	4.1 全球行业发展阶段和趋势	（1）行业发展情况； （2）行业增长能力及速度
	4.2 政治影响因素分析	行业受政治因素影响程度
	4.3 系统性风险	行业风险是否显著
	4.4 产业链分析	行业上下游环节情况
	4.5 企业所处产业链环节地位	（1）企业议价能力评估； （2）企业市场占有额； （3）行业结算方式及回款期评估
	4.6 市场分析	（1）市场容量； （2）市场集中度； （3）竞争者分析
5. 技术水平分析	5.1 国内外技术现状	评估市场技术环境
	5.2 行业技术进入壁垒	评估市场技术环境
	5.3 项目核心技术、研发成果、研发体系、技术来源	评估企业技术竞争实力
	5.4 项目对外技术合作方式	评估企业技术竞争实力
	5.5 技术保密措施	评估企业技术竞争风险
	5.6 知识产权归属及纠纷处理	评估企业技术竞争风险

续表

调查维度	细分问题	调查点
6. 财务和资产分析	6.1 企业财务状况及盈利能力分析	(1) 企业财务风险评估; (2) 企业资产运营效率评估; (3) 企业收入结构及成本利润评估; (4) 企业产品和服务价格变动影响评估; (5) 企业产品和服务边际成本变化评估
	6.2 现金流分析	(1) 企业现金流健康度评估; (2) 企业现金流是否与发展计划结合
	6.3 关联交易分析	(1) 市场公平原则及重大利益输送; (2) 同类企业关联交易比重比较; (3) 是否影响公司独立性
	6.4 盈利能力预测	(1) 预测假设分析是否合理; (2) 基础数据和相关计算是否合理
	6.5 财务制度、体系规范性	(1) 财务体系是否健康; (2) 现行财务人员设置是否合理及足够胜任; (3) 项目内部制度制定及执行情况
	6.6 重大资产分析	不动产、知识产权和重大设备等资产权属情况

续表

调查维度	细分问题	调查点
7. 产品和服务生产营销	7.1 产品和服务生产工艺及流程	（1）核心工艺及流程； （2）生产能力和生产扩张能力； （3）关键设备仪器
	7.2 项目材料采购及供应情况	（1）主要供应商； （2）项目对销售和采购的议价能力； （3）项目材料采购及供应商合作合同签订方式
	7.3 项目产品和服务营销情况	（1）产品服务集中度； （2）项目产品和服务营销议价能力； （3）项目产品和服务营销合同签订方式； （4）价格和销量现状和未来趋势
8. 质量风险控制及社会效应	8.1 质量认证和质量保证体系	质量保证体系是否健全
	8.2 社会效应	是否存在负面社会效应的风险，如环境污染等

上面的清单比较清晰、全面地描述了尽职调查涵盖的各项问题，除此之外，创业企业在接受投资人尽职调查的时候还需要注意下列事项：

（1）做尽职调查之前需要与投资人签署保密协议。投资人在开展尽职调查的过程中，会对公司的业务模式、核心技术、商业模式和业务数据进行了解。创始人需要考虑是否将公司的商业机密信息过多披露的问题。投资人一般都具备基本的职业道德，会对公司的商业信息保密。但是出于风险防范的考虑，建议创始人要求与投资机构签署保密协议或者具备有保密协议功能的TS（Term Sheet，即条款说明书），约定好违约泄密投资人需要承担的责任，以免创业者利益受到损害。

（2）公司涉及领域如果需要申请资质，应尽早办理。根据国家相关规定，创业公司提供的产品和服务所在行业需要行业资质，对于必备的资质最好提前办理。即使在融资阶段资质没有办理下来，也需要与投资人沟通清楚，之后尽快备齐。

（3）注意规避创业公司合同中的法务风险。投资人一般会看公司对内和对外的两种合同。对内合同，就是创始团队之间的合同和员工的劳动合同。而创始团队的合同一般会看股东协议或出资协议，了解是否有限制性股份，是否有竞业禁止协议，是否有代持。对核心团队成员，看是否签订股权激励协议。另外，还要看公司和员工是否签署正式的劳动合同。对外合同，更多需要提供的是业务经营层面的合同，如销售合同、代理合同、租赁合同、贷款协议等。如果这些合同存在风险，投资人就会非常谨慎。因此，创始人在制定公司各类合同内容时，可以向熟识的律师朋友咨询条款是否存在风险。

（4）对投资人或机构开展调研。可以通过互联网或者朋友圈了解投资人之前投资的项目，争取与该投资人投过的项目创始人联系，并了解投资人的信息。同时，创始人要相信与投资人第一次接触时对方给你留下的印象，如果第一印象不好，建议创始人遵从内心直觉，尽量深入了解后再做决策。

案例

设计配有机械手的街边自助超市，这个项目如何应对投资人的尽职调查呢？

有位创业者在论坛上发了需要融资的帖子，我回复了一句，然后建立了联系。

他把策划书发给我，打开一看，其实是一个关于自动化自助超市售货机的设想。

他在一家电子设备国企工作，有了创业的想法。这个想法包括三个部分：第一部分是自动售货超市的存放物品装置，类似于现在快递在高校中安排的快递储物箱，每一个箱子里存放不同的商品；第二部分是一台机械手，主要作用是取货和排货，代替人工取货；第三部分是自动补货系统，当前面售货柜的商品卖完后，自动补货传送带会将补货仓的存货输出到取货柜，完成自动补货。

这个想法大而美，但不太接地气。

我问他几个投资人在融资尽职调查中很可能会提出的问题：

首先，为何自动售货超市要安装机械手，而不用人工完成？考虑过成本吗？

如果成本比同类的自助超市高出30%左右，怎么能够在竞争中胜出？

其次，中国现在的机械手技术还没有达到智能识别物品大小和外形，从而调整手势和握力的程度，你要么编辑好指定大小和外形的商品程序，要么就安托盘，所有商品都按照同一个托力来设计，会不会影响超市的产品运营？

再次，补货仓可以给前端售货箱补货，谁给补货仓补货？如果需要用人力，那为何需要补货仓？人力会不会增加这个项目的运营成本？此外，超市的空间有限，人力补仓和机械手补仓是否有区别？哪种方式更灵活？

最后，自助超市货柜可能会成本很高，而且机械手用武之地不大，换成无人便利店的项目，可能更利于发挥机械手的优势，是否有考虑过把自动超市货柜升级为无人值守的便利店？内部有很多自动收货柜，由机械手对便利店的仓库进行补货，这种产品的升级是否更可行？

但这位初级创业者丝毫不理会我的问题，他的观点是理论上、设计上能够实现，现实中就能实现。“话不投机半句多”，我们很快结束了交流。

创业者在只有初步想法的时候，不要受到自己专业的限制，也不要有理论上可行实际中就可行的逻辑，去实践中验证吧。

案例分析

本节案例中的项目推出的产品服务是自动货柜式超市，用户通过扫码支付后，货柜打开，用户取出商品之后货仓后的机械手会自动从仓库中补充同类商品到货架上。如果由你扮演投资机构对该项目做尽职调查，会发现下列几个主要的问题：

（1）创业项目尚未注册成为法人实体，创业团队主要是技术导向，缺乏市场和产品设计、市场推广等项目商业运作核功能的创始团队，在沟通中创始人团队存在“技术上可行就等于产品和服务有市场”的误解。

（2）创业项目商业模式不够清晰，虽然倾向于解决随时随地方便购物的用户痛点，但是项目货柜只能提供有限种类和数量的商品，市场需求能够得到多大程度的满足尚未明确。

（3）创业项目目前最明显的问题是成本过高。创始人希望在超市方便售货柜后安装一个微型库房及自动分拣上货机械手，在科技方面虽然能够满足要求，但是成本会非常高，而且库房的货物补充依然需要人工完成。增加机械手只是为了增加项目的科技含量，使运营成本大幅度提升，并没有提升运营效率。

（4）项目可以不局限于开发自动超市货柜，机械手在货量大和空间大的情况下才能发挥更大的优势。出于对机械手技术应用场景和成本平摊的考虑，可以将产品升级为无售货员便利店，但那将需要创始人基于无人便利店迭代更新项目规划。基于上述问题，该创业项目暂不具备有盈利持续性和投资回报收益保障。

好的。
你的项目不错，接下来我需要对你的项目做一个调查。
清單
这么厚的清单是需要几天几夜才能答完了…

工具 24　创业企业财务效益评估表

创业者中做营销、产品或技术背景的比较多，而做财务出身的人则相对较少。创业初期没有合适的财务人员或者没有资金雇佣财务人员时，创始人如何应对投资人对公司财务情况调查提出的各项要求呢？

创始人不需要精通财会知识，也不需要制作或者详细解读复杂的会计报表，但是创始人必须了解财务表格中的一些重要概念，通过重要财务参数判断公司的运营情况。在本节内容中，主要为创始人提供实用的公司的财务信息考察思路。

由于财务数据能够比较客观地反映出企业的基本情况，因此，投资人会通过公司的财务数据审视该公司是否运营正常，是否具有持续运营、盈利和估值增值的能力。除此之外，投资人也会通过公司的财务信息考察下列情况：

（1）创业公司是否有重大负债，如欠款、应还抵押贷款、赊账等。

（2）创业公司创始人或在此轮融资前的其他投资人承诺的创业投资到账情况。

（3）创业公司是否有注册资本抽逃等重大违规行为。

（4）创业公司在花费上是否存在乱花钱的行为。

（5）创始人是否用公司融资去做创业项目外的事，如创始人个人买房、购车等。

基于上面的目的，创业者必须保证提供给投资人的财务表格要体现充分而客观的财务信息。

创业公司展示的财务信息主要分为以下几个部分：

（1）收入。创业公司为用户提供的产品和服务，以及公司营业外的事项，如申请政府创业补贴等，都可以为公司带来现金流入。

（2）成本。创业公司为了获得收入而支出的现金。例如，产品和服务的原材料费用、设计费用、销售渠道费、广告费、服务费、场地设备购买租借费等。

（3）毛利润。收入与成本的差值就是毛利润，也就是创业公司通过营销买卖获得的初步利润。

（4）费用。如公司店缴的税，以及需要偿还的贷款利息等。

（5）净利润。毛利润减去费用之后就得到了创业公司通过经营活动最后实现的净收益。创业公司初创期常常不存在股东权益分配，因此在下一轮融资之前，毛利润将是公司持续运营的重要资金储备。

在展示财务情况的时候，主要基于两个维度：时间维度和事项。时间维度是展示企业在不同运营时间段里的收入情况，事项是展示产生收支的具体活动内容。同时，为了更清晰地推算出金额，有两个信息是需要在财务表格里体现的：一个是单价，一个是数量。单价乘以数量就是该项的总金额。

本书为创业者准备了一套创业计划书财务状况表的模板，该模板并非严格按照会计报表编写，创始人在编写创业项目计划书或者申请融资的时候，可以参考表中事项进行填写。

表 7－4　创业项目财务效益预估表 1：收支计划表

项目	月份 金额（元） 项目	1	2	3	4	5	6	7	8	9	10	11	12
销售	1. 销售收入（含增值税）												
	2. 增值税												
	3. 销售净收入（2－1）												
成本	4. 创始人工资												
	5. 员工工资												
	6. 租金												
	7. 营销费用												
	8. 公用事业费												
	9. 维修费												
	10. 折旧费												
	11. 贷款利息												
	12. 保险费												
	13. 登记注册费												
	14. 原材料设备（不同物品分开独立成行）												
	15. 总成本（4～14 总和）												
	16. 利润（3－15）												
税费	17. 企业所得税												
	18. 个人所得税												
	19. 其他												
	20. 净收入（税后）（16－17－18－19）												

案例

这家公司提供气象大数据定制服务，融资时如何编制财务预估表呢？

气象大数据，顾名思义就是不同区域和不同时刻的气象数据信息汇总而成的庞大数据库。人们通过气象数据库，能够掌握气候变化和当地气候分析，甚至是当地植被生长规律和土壤成分等方面的预测信息。

首先，气象数据分析对农业的产量和农作物种类选择等方面都有直接的指导作用。其次，人们发现气象数据分析对商家的生产和营销还有帮助。例如，在德国，气温超过 22℃，啤酒开始劲销。气温再每上升 1℃，大瓶装的啤酒每天会多销 230 万瓶，德国气象公司由此开发了相关的“啤酒指数”。此外，还有乘车指数、冰激凌指数、泳装指数、食品霉变指数等，商家可据此提前制订生产营销计划。

这家公司创始人之前服务于一家大型跨国农业集团，他们均为气象博士，在研究和工作中发现欧美采用气象大数据能够为农业和消费品制造业起到咨询指导作用。后来，他们带着气象大数据服务系统的研发成果回国创业，入驻某集团的孵化器并成功获得融资。

公司负责人给我们展示的是一个界面高端的数据云平台，

可以点击查询包括国内外的气候数据情况以及卫星监测农田的情况，甚至可以精细到分析大片农田中作物的平均高度、土壤成分、作物的颜色变化等参数。该公司提供的就是这种气象大数据云平台系统及分析咨询服务。公司目前已经与我国的大型产量基地建立了合作。

公司成立不久，其科技含量是毋庸置疑的。虽然上面提到的气象大数据对农业以外的快速消费品制造业等行业提供的咨询服务还没有开展起来，而且在中国面临数据透明和获取渠道的挑战，但是这家公司结合大数据的趋势，找到了气象数据这一项普遍存在及连续性很强的数据种类作为产品，与之交谈的我们都很佩服其专业性和发展潜力。

大数据是未来的发展趋势之一，气象大数据中提取的各种咨询服务能解决农业和其他行业的需求痛点。科技创业者在提出一个科技领域创业设想的时候，需要思考下列问题：该创业领域的产品或者服务是否能够结合未来的科技发展趋势？该科技产品或服务支撑数据、技术或者信息基础来源是否充足？前一个问题解决科技创业的持续性发展潜力问题，后一个问题解决科技创业的可靠性问题。

对于这样走在科技前沿的公司，在国内的应用细分市场较新，同类竞争者较少，国外的项目市场情况与国内还是有较大的差别。那么本项目在融资过程中，如何提供较为清晰的，能够说服投资人的企业财务效益预估表呢?

案例分析

本节案例中的创业项目，通过整合气象大数据，并分析其趋势，能够满足农业、气象业等领域的用户的生产及科研需求。该企业处于已经融完天使轮的初创期，投资人会考察公司现金收支情况：

（1）收入：本项目收入包括数据解决方案服务收入、软件或平台产品销售收入，及政府对科技创业产业支持补贴及税收返还，其他可能的收入来源包括相关技术专业培训收入、大数据专利授权使用、咨询方案售后维护收入、创新创业大赛奖金等。

（2）成本：本项目以技术为导向，成本集中在技术开发、技术产品设计、技术核心团队成员构建成本等，此外一项重要的成本是产品和服务的营销推广成本。

（3）费用：本项目需要支付相关税费，以及银行贷款利息等费用。

由于本项目处于项目初期，财务方面的情况并不复杂，且项目具体的财务数据暂未公开，在此不列出案例中项目的收支表和现金流量表明细。

表7－5 创业项目财务效益预估表2：现金计划表

	项目 \ 金额（元） \ 月份	1	2	3	4	5	6	7	8	9	10	11	12
现金流入	1. 期初现金												
	2. 现金销售收入												
	3. 赊销收入												
	4. 贷款												
	5. 其他现金流入（补贴等）												
	6. 可支配现金（1至5加和）												
现金流出	7. 现金采购支出（不同采购项目独立成行）												
	8. 赊购支出												
	9. 业主工资												
	10. 员工工资												
	11. 租金												
	12. 营销费用												
	13 公用事业费												
	14. 维修费												
	15. 贷款利息												
	16. 偿还贷款本金												
	17. 保险费												
	18. 登记注册费												
	19. 设备材料												
	20. 其他（列出项目）												
	21. 税金												
	22. 现金总支（从7到21总和）												
23. 期末现金（6－22）													

财务表格和融资风险表格当当创业规划的展示

工具 25　创业融资后资金管理事务清单

企业在创业初期可能会因为资金管理的问题而面临一些挑战，如企业债务成本过高、企业存在大量应收账款而造成流动资金短缺、企业财务数据缺失而无法把控财务情况等，进而影响企业的持续发展及再融资。其实，创业企业的资金管理并不复杂，账务状况也比较简单，建议创业公司早期就开展资金管理，这样入手比较简单，也容易规避财务风险。

本书为了方便非财务背景的创业团队更好地在创业初期开展资金管理，提出下列几项原则和资金管理清单供企业参考。

（1）定期制作现余额和应收款项余额报告。创始人需要对企业何时用完此轮融资及资金断流做出清晰的判断，也能提醒创业者还有多少应收账款需要尽快追回。

（2）尽量把控业务中资金进入企业的规则和方式。通过业务合同约定的付款方式界定条款或者付费程序，让企业客户严格遵守资金支付规则，能够提高创始人对资金流入企业的预期，也能促进企业应收账款的回收进程。

（3）建立符合当时企业状况的资金管理制度，并不断根据企业运营变化迭代更新。例如，报销制度、购买制度、支付管理制度、储备金制度、公司资金支出计划等。所有的制度都需要有留存表单或者账目，方便企业后期开展财务管理，并开展投资机构的企业财务尽职调查等工作。

（4）如果条件允许，尽量引进专业的财务管理人员，以把控和掌握企业资金财务管理各环节，让企业的财务管理制度更加标准化和规范化。

表 7－6　企业资金管理样表

类别	项目	一季度		二季度		三季度		四季度	
期初现金余额：		增减	余额	增减	余额	增减	余额	增减	余额
行政费	公司注册								
	行政管理								
	场地租金								
技术研发	产品设计								
	技术开发								
营销	市场开发								
	宣传广告								

续表

类别	项目	一季度		二季度		三季度		四季度	
制造生产	原材料购买								
	厂房购买								
	设备购买								
	厂房设备租借								
	设备运维								
	资质认证								
	知识产权申请								
人员	工资								
	社保								
	招聘								
	培训								
	补偿								
财税	增值税								
	所得税								
	其他税费								
	利息								
	应还借款								
留存资金	留存资金								
现金支出合计									
现金收入									
营业收入	产品服务								
	固定资产转让								
	知识产权转让								
	应收账款								
补贴奖励	政府补贴								
	政府奖励								

续表

类别	项目	一季度	二季度	三季度	四季度
现金收入合计					
期末现金金额					

该表格不是企业的财务报表，而是企业的现金管理规划表，创业企业可以根据自身情况增删收入和支出的内容，或者变更计划时间跨度周期。

案例

这个项目在有限的资金条件下研发载人飞行器，该如何合理应用融资资金呢？

在一个活动上，我遇到了一位校友，他目前在创业，研发载人飞行器。

在言谈之中，能听得出他是一个军事迷。谈到目前世界领先军用载人飞行器的研发进展，他滔滔不绝。谈到飞机设计方面的知识，他本科就是学飞机制造的，毕业后从事的行业也是飞机维修领域，因此在飞机设计和性能相关知识方面，他俨然已经是专家了。

他的项目是研发出载人飞行器，目前仍然停留在无人机小试试验阶段。载人飞行器和直升机等载人飞机不同，是可以乘坐一两位驾驶员的低空飞行装置，用于短途运输等，目前在国内和国外都属于研发起步阶段。而他的项目设计也是从无人机开始，不过目前停留在小型无人机试飞阶段。小型无人机类似于航空模型，如果试飞结果性能稳定，将会把小型无人机扩展为长度约 2 米的大型无人机，以探讨试飞。

但这样距离能够载人的飞行器还是有很远的距离。

面对这样一个高技术含量的项目，这位 CEO 如何组建他的团队呢？他的描述让我感到惊讶。他的团队都是由国内知名飞机制造厂的一些高级工程师组成。他如何用创业项目和情怀打动这些年龄在 45 ~ 60 岁的高级工程师呢？他为了项目，多次去拜访这些人才，让这些工程师们——有的甚至已经是飞机制造企业的副总级别——重新在内心唤起了想要尝试创新的意愿。无人机，甚至是载人飞行器，对这些在传统飞机制造业内打拼了几十年的工程师而言，像是一个埋藏在自己心中多年的理想，现在出来一位在他们看来非常年轻的同行，自告奋勇去承担和组织这样一个项目，让他们内心产生了认同。

坦白说，这是这个项目最让我感慨的一点。创业公司往往说没有合适的人才，然后眼前这位创业者集结了一批高水平的技术人才，是什么样的内在动力让这些老工程师们住在亦庄开发区一个两室一厅的高低铺中，面临资金链断裂的压力，还在一遍遍试飞无人机？

这个项目在我跟创始人接触的时候，已经融到了天使轮300万元，但是基于上述提到的无人机设计、打样、研发、组装和试飞测试等工作，包括人员工资，都是项目融资支出的一部分，300万元对这个项目来说是非常有限的资金。该项目的研发团队在有限的资金压力下，该如何尽量合理地分配和使用项目融资呢?

案例分析

本节案例中提到的无人机制造创始项目融到天使投资300万元，由于项目尚处于研发期，因此这笔天使资金对于项目来说是比较少的融资额。本书对该企业资金管理提供下列建议：

(1) 企业处于科技类产品研发期，因此创始人可以根据天使融资金额排6个月的资金管理计划，并且将其中2/3的资金投入到产品研发、材料购买及技术人员的雇佣费用中，1/3用于其他开销。

(2) 企业在产品研发期可以削减企业注册、行政管理费用；减少租金和不必要的开销，主要保留专利开发和申请费用。

(3) 企业可以申请科技创新创业补贴等补助，增加企业收入。

(4) 为了保证企业正常运行，建议企业将天使轮融资额的 5% 作为留存资金，尽量用 95% 的天使融资运营 6 个月，以便使企业能够多出 1 个月的运营时间，在第 7 个月使企业能够在正常运营状态下寻求新的融资。

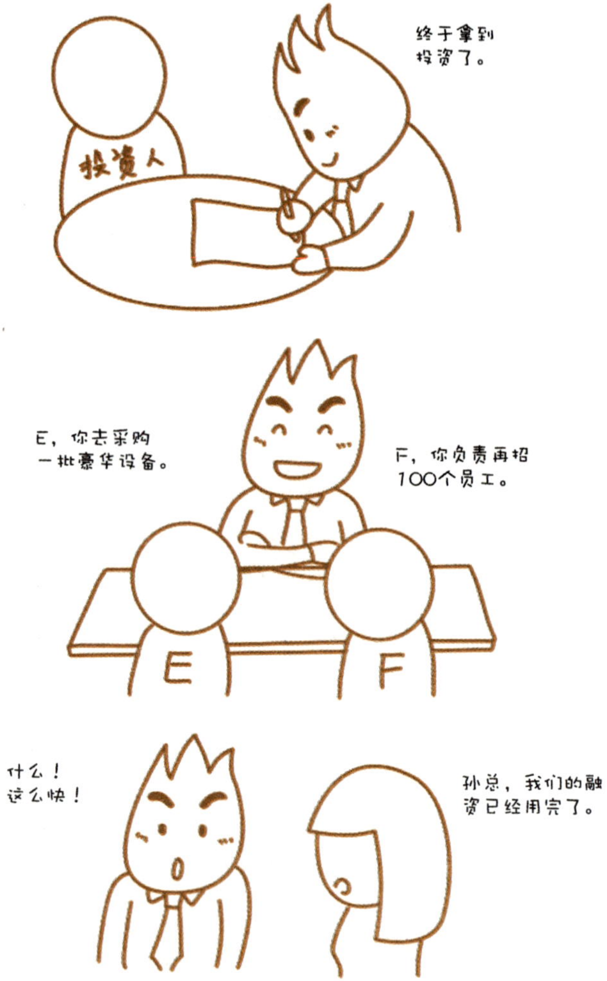
投资人
终于拿到投资了。
E，你去采购一批豪华设备。
F，你负责再招100个员工。
E
F
什么！这么快！
孙总，我们的融资已经用完了。

创业融资需要合理分配

创业融资阶段必须避开的误区

创业者提供的创业项目如果真的能够吸引投资人投资，则说明该项目的盈利模式和增值前景获得了投资机构的认可。但在融资阶段，创始人即使不具备太多的投融资知识和技能，也需要尝试对投资机构换位思考，提前做好一些功课，避免在投融资阶段遇到误区。本书总结了创始人在融资阶段需要绕开的误区，供大家参考。

误区一：即使投资机构没有投资过你的同类型项目也无妨

很多创业者融资需求比较急迫时，会选择没有投资过同类项目的投资机构伸出的橄榄枝，但本书建议尽量不要选择第一次涉猎你的项目所在领域的投资机构。因为通常来说，投资机构如果初次投资某个领域，需要至少 12 个月才能在投后管理上走上轨道，但是第二次投资同类企业之后，情况会好很多。如果你的项目还有其他选择，并且不想与投资机构共同承担这样的投后管理风险，建议创始人先对投资机构所投项目进行调研，选择具有项目所在领域投资经验的投资机构。

误区二：选择基金即将到期的投资机构

在融资的中后期，创始人需要看到投资机构建立的创投基金通常有 7 ~ 10 年的寿命。在基金寿命后期，负责管理基金的投资人（GP）会受到他们的股东（LP）越来越大的压力，因此基金管理人肯定要赶快出脱持股以获利退出。假设这只基金在投资你项目的时候还有 4 ~ 5 年寿命，你可以想象在 2 ~ 3 年后，GP 们在 LP 的压力下会推动你往退出方向走的力度加大，这可能会使你的创业项目面临艰难的选择。

误区三：选择过多干涉创业项目战略和管理的投资机构

创业者们应当充分注意控制投资机构对创业项目战略和管理上的过多干预。投资机构即使入股成为创业项目企业的股东，也会按照资本溢价退出的投资逻辑去思考企业的运作，而过多的干预会与创业者们将企业做大做强或者可持续发展的理念产生矛盾，导致企业的正常运营受到影响。创业者可以通过调研投资机构前期的投资经历来判断投资机构是否会过度干涉创业项目的发展战略和运营管理事务。

误区四：熟人引荐的投资人更值得信任，也好开展工作

创业者们通过熟人引荐的投资机构或投资人也许会更容

易推动项目成功融资，但是也请创业者注意考量这些投资机构及投资人的情况，主要考察投资机构的投资管理风格是否与你的项目匹配，投资基金资金来源、投资机构的投融比是否合理及投资机构成功的案例等影响创业企业成功的因素。千万不要碍于情面而影响你在投融资选择上的正确判断。

第 8 章

用营销让你的产品引爆市场

工具26　4C营销策划问题清单

创业者在创始初始就要对创业营销方案进行设计。**从严格意义上来说，创业阶段每一次项目展示都是一次营销活动。**创业企业营销与传统企业营销有很大的不同，具体差异见表8－1。

表8－1　创业型营销与传统营销的差异

比较项目	传统企业营销	创业企业营销
营销基本目标	促进交易和控制市场占有率	通过创造价值来获得竞争优势
营销风格	沉稳、客观、循规蹈矩	富有激情、勇于创新、执着
营销环境	已存的相对稳定市场	多变的设想中的新兴细分市场
营销者角色	营销组合的协调者及品牌建立者	内外变革的推动者及细分市场制造者
营销进入市场路径	通过逐步创新来接近当前市场，具有反应性和适应性	通过动态性创新来引导顾客，具有超前性
营销用户需求	能清晰表达、设想和描述	难以清晰表达、发现和识别
营销风险承担	使营销风险最小化	营销是理性承担风险的工具，以探求用户的需求痛点

续表

比较项目	传统企业营销	创业企业营销
营销资源管理	有效利用现在的渠道与用户资源	撬动和创造性地利用其他资源，以较少的资源做更多的事情
营销对新产品/服务开发的意义	营销支持研发和其他技术部门的新产品、服务开发活动	营销是创新的温床，顾客是合作生产者
营销顾客角色	外部智力营销反馈来源	参与到营销互动过程，并反馈给产品和服务的营销规划改善

创业时期具体如何制定营销方案呢？本书建议创业者采用4C理论来开展营销方案设计。与其他营销理论工具不同的是，4C营销理论以消费者需求为导向，重新设定了市场营销组合的四个基本要素：顾客、成本、便利和沟通，以瞄准消费者的需求和期望为核心。4C理论的四个基本要素解释如下：

（1）顾客（Customer）。在创业中，企业必须首先了解和研究顾客，根据顾客的需求来提供产品。同时，企业提供的不仅仅是产品和服务，更重要的是由此产生的用户价值。

（2）成本（Cost）。成本不单包括企业的生产成本，也包括用户的购买成本。这也意味着产品定价既要能够使企业盈利还要符合用户的心理价格预期。用户成本不仅包括用户支持的货币，也包括为此耗费的时间、体力和精力，以及购买风险。

（3）便利（Convenience）。便利是指创业企业为用户提供最大的购物和使用便利。要通过提供优质的购买及售后服务，让顾客享受到便利。

（4）沟通（Communication）。企业通过同顾客进行积极有效的沟通，建立基于共同利益的企业用户关系；通过企业与用户的沟通实现共赢的交易目标。

在 4C 营销理论中，创业企业该考虑哪些营销因素呢？本书为创业企业提供了一份营销策划问题清单。创业者在做营销策划的时候，可检验营销方案是否能够将下列问题的答案清晰地传达给用户，以体现企业产品的优势。

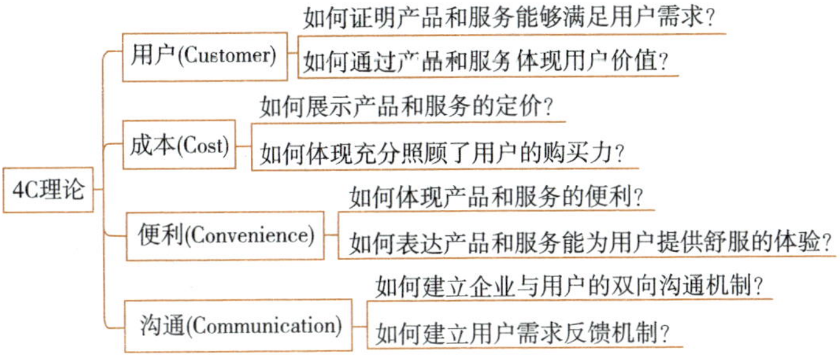

图 8－1　创业公司 4C 营销策划问题清单

案例

这家粥店面临客流量较少的境况后，及时转变销售策略

有一家连锁粥店分店开在了一个街角，街角旁边有一家医院即将竣工，街角另外一侧是一片居民住宅区。这家粥店

经过评估，认为客流量肯定是没有问题，于是在医院建成一年半前开张了。

然而，开张之后客流量却与粥店经营者的设想大相径庭。虽然附近有大片生活小区，但是这块地方仿佛被居民给遗忘了；虽然附近两家大型医院正在紧张建设，但是竣工日期却一拖再拖。这附近的临街小公园平时都人流稀少。这家店的周围总是冷冷清清的，门口偶尔有一两个匆匆赶路的行人，晚上则被稀稀落落的灯光笼罩着。

这两年附近房子地价飞涨，粥店面临着房租上涨的压力。这家粥店之前的产品定价属于餐馆的营销定价，一碗粥十多元不等，小菜、热菜和主食也是在 10 ~ 30 元，人均消费在 30 ~ 40 元。按照目前的局面持续下去，这家店的营收就会出现问题了。

于是某一天，粥店开始转换营销策略，直接降价肯定会影响到整体的连锁店品牌，而且加盟总部也不会批准，只能新开一个能够降价促销的点。这家粥店找到了早餐这个点，于是在每天早上 6 点半到 12 点半，这家店开始推出营养早餐，实际上是降价促销半天。在这个促销时段，粥店推出 6 款经典粥品和各式包子、饺子、馄饨、煎饼、油条等，每一款食品的价格都在原价的 3 折左右，平时十多元一碗的粥仅售 3 ~ 4 元，其他食物也经济实惠。为了吸引顾客，粥店还特别制作了广告在店内播放。

在物价飞涨的年代，这家店无疑变成了一股清流。早上大家在上班之余都来享用这些经济实惠、营养美味的早餐。质量口味不变，价格却是平时的三四折。我估计了一下，店租和人工已经是沉没成本，而食物的利润率比较高，这样运营下去也许能够挽救餐馆现在的局面。

创业者一开始的营业模式和产品定价总是最优化的，但是如果营业局面并不如人愿，就需要尽快调整产品定位和营销策略。

案例分析

本节案例中的连锁粥店在市场销量下降之后，迅速改变了营销策略，重新定价和改变销售体验。基于 4C 理论，为本节提供的案例做一个营销方案如下。

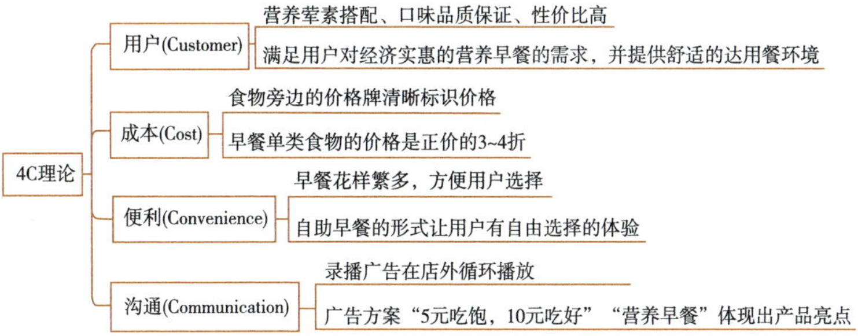

图 8－2　案例的公司 4C 营销策划问题清单

创业营销行动一定要基于具体效果制订计划和实施

工具 27　线上营销效果评估表

企业在创业初期由于成本有限，可选择互联网营销作为产品和服务的主要营销手段。**以互联网社交媒体和新媒体为营销渠道，不仅成本比传统营销渠道低廉，而且可借助互联网的传播范围广和信息接收方便等诸多优点提升创业企业产品和服务的营销效果**。同时，随着无线网的普及，移动互联网用户呈现爆发趋势，进而促进社交媒体的兴盛，拓宽了网络营销的渠道。基于互联网的营销手段易于执行，企业的潜在用户容易通过互联网营销途径形成对企业产品和服务的黏性，企业通过线上互动还能够倾听并了解用户的需求和兴趣等优势，创业企业可以通过下列方式开展线上营销：

（1）内容营销。利用互联网社交媒体及新媒体渠道推送有吸引力的内容，包括软文、互动宣传文案、病毒营销视频、微电影等，让受众主动推广和扩散，最大限度吸引用户关注并且传播。

（2）平台营销。利用一些具有知名度和用户规模的互动平台，提供互动参与性强的话题，搭建属于公司自身的推广渠道来提高客户黏性。例如，创业空间的平台、新媒体大号平台、传统门户网站平台等，依靠这些平台的受众规模和知名度来挖掘创业企业产品和服务的客户。

（3）互动性营销。利用互联网营销渠道的强交互能力，通过设计线上互动活动，让用户不再被动接受信息，允许用户自由对话，并为用户提供个性化定制服务。

创业企业如何保证线上营销的效果呢？本节为创业企业设计了线上营销效果评估表，创业者可以参考表中的评估事项来思考和策划具体的互联网营销方案。

表 8－2　线上营销效果评估表

评估维度	评估项目	评估说明	评分				
			1	2	3	4	5
营销战略	营销目标	营销目标与企业总体经营目标一致，并且包括具体明确的定义和阶段性营销计划					
	用户细分及痛点	对营销接收方潜在用户的特点及需求痛点有清晰的界定					
线上营销实施策略	线上营销内容准确	根据潜在客户需求有清晰的营销内容表现形式，如微博、软文、视频等					
	线上营销计划清晰	制订了清晰的阶段性营销计划，并明确营销内容的数量，如软文月发表量等					
营销效果保证	成本预算	制订了清晰的线上营销预算计划					
	人力投入	安排创业成员担任营销职务，责任明确，并且定期评估和改进营销人员的线上营销工作					
	用户沟通机制	对用户反馈的问题和意见有明确的应对措施和计划					
	营销风险评估	有提前进行营销带来的风险评估和风险规避方案					
营销效果评估	用户覆盖率	营销覆盖的潜在用户数量清晰可见，并且设置有阶段性发展目标					
	用户转化率	营销覆盖潜在用户中转化为真正用户的数量和转化率清晰可见，并且设置有阶段性发展目标					
	单个用户转化的成本	有清晰的单个真正用户转化成本衡量及明确的阶段性单个用户成本改善目标					

案例

这个网站主要分享小清新的文字，就这样拿到了天使投资

“长尾理论”是网络时代兴起的一种新理论，由于成本和效率的因素，当商品储存、流通、展示的场地和渠道足够宽广，商品生产成本急剧下降以至于个人都可以进行生产，并且商品的销售成本急剧降低时，几乎任何以前看似需求极低的产品，只要有卖，就会有人买。

本案例中的平台就是抓住了“长尾理论”中的尾端，另类而出众。

那个时候，投资机构刚好将大大小小的博客平台纳入投资关注领域，而在这些博客中，科技信息博客尤其出众。某国外知名科技博客凭借 2 个运营人员就成功融资上亿美元的案例给了国内的各位博主们一剂强心针，一时间涌现出一批优秀的科技博客。他们刚开始运营团队很小，成功融资之后团队和办公场地都在迅速扩张。

在这个创业背景中，一个以分享清新小众文字为特色的网站显得独树一帜。我与这个网站的偶遇是在大约五年前，在这个网站的第一版本中，没有丝毫的商业气息。整个网站以黑、白、灰三色调为主，干净而透明，里面没有一条广告，

内部分享的文字是在某个城市，某位作者，也许在某个下雨天，梳理出的一丝心情。读起来让人内心平静而舒适。

这个网站貌似没有盈利点，只是给人片刻放飞思绪的场所，记录了日常却与世俗无关，记录了工作却与市场无关，记录了七情六欲却与利益无关。那这个网站的商业模式在哪里呢？

我曾经联系过这个网站的创办人，创办人的回复和上面的文字差不多。但让我意外的是，那个时候，这个网站应该已经融到资了。这要从一个宣传事件说起，那个时候这个网站在公开征稿，每个星期都会在投稿中选出 1 ~ 2 篇优秀文章在首页展示，选中的稿酬是让人惊讶的 1000 元。那个时候，杂志社一篇千字稿件的报酬是 150 元左右。

现在想来，这个网站抓住了在这个城市内心无处安放的文学青年群体。同时，众多的博客最后走的是一种自媒体的盈利模式，自媒体的主要盈利收入分为广告、出版及各种事件营销的赞助或者阅读量点击等。同其他的自媒体平台一样，该平台抓住的群体也在不断增长中，使得这个平台实现了自动造血——内容产出和社群形成的功能。

在写下这篇文字的时候，我好奇地打开这个网站主页，看到其内容风格依旧，板块和内容都更加丰富了，而且还推出了安卓和苹果系统的 APP。

再小的品牌也有传播渠道，再小众的用户群体也能使创业产品有市场。关键是创业者在产品推出的时候一定要精准定位用户及产品的推广方式。

案例分析

本案例记录了一个文字分享平台，用户可以通过该平台发表自己的原创作品，该平台通过线上营销来增加用户，让用户产生有价值的内容，使平台更加具有吸引力。基于这个目的，该网站推出的是优秀稿件稿酬激励征集计划。通过这个计划，平台能够征集到优秀的稿件，优秀的内容能吸引更多的忠实用户。采用本节的线上营销活动效果评估表评估如下。根据我的评估，该网站在单位用户成本上体现在单篇稿件的稿酬较高，而且基于高稿酬的有效用户转化率是否会因为稿酬降低及取消而无法保证持续性还有待商讨，因此这两项营销效果评估结果不确定是否符合评估效果。

表 8－3　案例互联网营销效果评估表

评估维度	评估项目	评估说明	评分				
			1	2	3	4	5
营销战略	营销目标	营销目标与企业总体经营目标一致，并且包括具体明确的定义和阶段性营销计划				√	
	用户细分及痛点	对营销接收方潜在用户的特点及需求痛点有清晰的界定					√
线上营销实施策略	线上营销内容准确	根据潜在客户需求有清晰的营销内容表现形式，如微博、软文、视频等					√
	线上营销计划清晰	制订了清晰的阶段性营销计划，以及明确营销内容的数量，如软文月发表量等					√
营销效果保证	成本预算	制订了清晰的线上营销预算计划				√	
	人力投入	有明确责任的安排创业成员担任营销职务，并且定期评估和改进营销人员的线上营销工作					√
	用户沟通机制	对用户反馈的问题和意见有明确的应对措施和计划				√	
	营销风险评估	有提前进行营销带来的风险评估并且有风险规避方案				√	
营销效果评估	用户覆盖率	营销覆盖的潜在用户数量清晰可见并且设置有明确的阶段性发展目标				√	
	用户转化率	营销覆盖潜在用户中转化为真正用户的数量和转化率清晰可见并且设置有明确的阶段性发展目标			√		
	单个用户转化的成本	有清晰的单个真正用户转化成本衡量及明确的阶段性单个用户成本改善目标			√		

工具28　线下事件营销效果评估表

创业企业通过线下营销的方式，可以近距离为潜在用户展示企业的产品和服务。即使是互联网创业企业，也需要将线上营销和线下营销相结合，共同营造良好的企业口碑，推广产品和服务。创业企业的营销资金有限，可以通过下列几种方式开展线下营销：

（1）参加交流活动。参加主题沙龙、创业路演、行业交流展示、媒体采访及创业人士聚会等线下活动，在活动上担任分享嘉宾或者找寻潜在客户推广自己的服务和品牌。

（2）举办线下营销事件。策划及举办一些相关的线下营销事件，结合当下话题热点，评估线下营销事件的合理投入和产出，开展利于传播的营销事件。

（3）品牌宣传物宣传。将印有创业企业产品和服务、官网LOGO及二维码等信息的小礼品、传单及宣传册在人流量较大的场所，如餐馆、旅店等投放，借助他们的平台进行营销。

（4）举办公益性质活动。赞助或支持社区、公益团体 NGO 等在民间开展一些公益活动，利用公益活动的良好传播口碑效应实现企业自身品牌的有效传播。

创业企业如何保证线下营销的效果呢？本节为创业企业设计了线下营销效果评估表，创业者可以参考表 8 -4 中的评估事项来思考和策划具体的线下营销方案。

表 8 -4　线下营销事件效果评估表

评估维度	评估项目	评估说明	评分				
			1	2	3	4	5
营销战略	营销目标	营销目标与企业总体经营目标一致，并且包括具体明确的定义和阶段性营销计划					
	用户细分及痛点	对营销接收方潜在用户的特点及需求痛点有清晰的界定					
线上营销实施策略	线下营销内容及受众定位准确	根据潜在用户的特点选择合适的营销内容及营销方式，如参与沙龙、讲座、路演或是公益活动等					
	线下营销计划清晰	制订了清晰的阶段性营销计划，以及明确营销内容的数量，如举办线下活动次数，活动营销覆盖人数等					
营销效果保证	成本预算	制订了清晰的线下营销预算计划					
	人力投入	安排创业成员担任营销职务，明确责任，并且定期评估和改进营销人员的线下营销工作					
	用户沟通机制	对用户反馈的问题和意见有明确的应对措施和计划					
	营销风险评估	有提前进行营销带来的风险评估并且有风险规避方案					

续表

评估维度	评估项目	评估说明	评分				
			1	2	3	4	5
营销效果评估	用户覆盖率	营销覆盖的潜在用户数量清晰可见，并且设置有明确的阶段性发展目标					
	用户转化率	营销事件中对企业产品及服务发生兴趣或者购买询问的有效用户数量和转化率清晰可见，并且设置有明确的阶段性发展目标					
	单个用户转化的成本	有清晰的单个真正用户转化成本衡量，明确的阶段性单个用户成本改善目标					

案例

这个校园社交平台项目开展了几次线下营销活动，但是最后失败了

刚读MBA时，我看到校友群里时不时会冒出一些活动通知，都来源于一个微信账号，这个微信账号起了一个非常具有校园文化气息的乖巧名字。有一天，我们班聚会的时候，我问起这个微信公众账号，听知情的同学介绍，这个微信公众账号居然是我们上一级几位同学共同运营的一个创业项目。

这个项目主要是为在校生搭建一个互助社交平台。在这个平台上，大家可以问学长们问题，获取资讯，甚至转让课本，求人办事，发起聚会等。我想这个平台的真正用户并非是活跃在上面的各级校友，而是看重学生这个群体带来的广

告效益而投放广告的商家金主们。这个平台的运营模式就是构建校友社群了。

这个项目也在积极地做推广。例如，学校组织一个长跑比赛，这个平台会冠名推出。此外，平台还定期举办一些其他文体活动，如单身男女校友见面会、聚餐、过午过节的舞会等。然而，这个平台举办了好几次活动之后，项目推广活跃度下降，甚至销声匿迹了。

我分析了这个项目失败的原因，得到了这些结论：

首先，项目不够满足校友的痛点。在理想状态下，新生会有很多的需求，但是一定要问师兄、师姐吗？学校的文化圈建设不够成熟，于是师兄师姐与学弟学妹的信息流通不足，社群难以形成。如果是普通的校园信息，大家直接网络搜索就好了，根本没有机会或者动机去问师兄师姐。成功融资的校园社交互联网平台或者 APP 都是抓住了某个明显的痛点，如考试教材分享、作业分享，甚至是省钱或者交友相亲等刚需，而这个平台却没有集中精力满足这些需求。

其次，这个平台举办的社交活动基本上都是玩乐聚餐或者健身活动。而刚进这所国家一流学府的同学们课业繁重，玩乐时间少，而且聚会渠道很多，怎么会从这些活动中产生互助或者黏性社交呢？这就是这个项目没有形成社群的主要原因。

最后，这个项目平台的名字看似亲切，但我读起来总会联想到大娘水饺、康师傅方便面等。既不简洁，又不讨喜，还不高档，不利于传播。

所以，创业者的项目还是需要精准定位用户痛点，并且在品牌传播尤其是名字和推广活动上要深入思考。

案例分析

本节案例中讲述了一个主打校园线上线下社交服务的公众账号平台，该平台主要对接高年级学生和新生之间的信息和资源，实现公众账号粉丝积累，有了粉丝量之后再以广告等服务提供盈利。为了吸引粉丝，该平台在线下针对在校学生开展了多个营销活动。对该项目的线下营销事件效果评估见表 8－5。该项目的线下营销并没有以客户转化为目标，更像是在学校内发起的公益性质活动，并且对自身产品和用户需求痛点了解得不够清晰，既没有在营销活动中体现出来，也没有推动线下营销活动的计划。因此，本项目并没有明确线下营销的意义，在投入时间、物质和精力举办了几次马拉松、聚餐、相亲会等活动之后，便不再举办线下营销活动，也没有继续推进下去了。

表 8－5　线下营销事件效果评估表

评估维度	评估项目	评估说明	评分				
			1	2	3	4	5
营销战略	营销目标	营销目标与企业总体经营目标一致，并且包括具体明确的定义和阶段性营销计划				√	
	用户细分及痛点	对营销接收方潜在用户的特点及需求痛点有清晰的界定		√			
线上营销实施策略	线下营销内容及受众定位准确	根据潜在用户的特点选择了合适的营销内容及营销方式，如参与沙龙、讲座、路演或是公益活动等				√	
	线下营销计划清晰	制订了清晰的阶段性营销策划，以及明确营销内容的数量，如参考及举办线下活动次数、活动营销覆盖人数等		√			
营销效果保证	成本预算	制订了清晰的线下营销预算计划			√		
	人力投入	有明确责任的安排创业成员担任营销职务，并且定期评估和改进营销人员的线下营销工作				√	
	用户沟通机制	对用户反馈的问题和意见有明确的应对措施和计划		√			
	营销风险评估	有提前进行营销带来的风险评估并且风险规避方案	√				
营销效果评估	用户覆盖率	营销覆盖的潜在用户数量清晰可见并且设置有明确的阶段性发展目标		√			
	用户转化率	营销事件中对企业品牌或产品及服务发生兴趣或者购买询问的有效用户数量和转化率清晰可见并且设置有明确的阶段性发展目标		√			
	单个用户转化的成本	有清晰的单个真正用户转化成本衡量及明确的阶段性单个用户成本改善目标		√			

合理制定创业产品和服务营销规划

创业项目营销推广必须避开的误区

创业者在制定了项目产品及服务的营销战略之后，在营销战略的实施过程中会遇到哪些误区呢?

误区一：营销在创业产品和服务成熟之后才需要实施

创业者在前期容易忽略营销，在完成产品和服务开发之后，才去听取产品和服务的用户反馈。本书建议在创业开始就需要与市场和潜在用户的意见紧密结合。在创业者投入过多的时间和精力之前，要确保潜在用户真的有兴趣购买你的产品和服务，因此在创业一开始就需要通过市场活动调研和收集潜在用户的反馈。

误区二：营销就是对产品和服务提供折扣

创业者误认为，营销就是打折促销。为了在产品和服务推广初期提升销量，创始人不惜提供低价折扣。这样做的一个重要影响就是，初期你对产品和服务打折的信息会在所在领域传开，最终削弱企业的长期定价权。本书建议创业者与其提出打折促销，不如通过其他促销手段提升销量，如达到一定交易额免运费，或者在某一个日期前下单可以收到小礼品等。

误区三：错把非常规性用户的购买行为当作目标制定营销方案

对于还没有开过张的创业者，在经过努力好不容易达成第一笔订单之后，会对第一批买家先入为主地产生“这就是产品和服务的主要忠实用户”的观点，随后营销战略也会调整为针对这批客户画像定制。本书建议创业者对第一批买家进行细致评估，判断是否这批买家的用户画像就是企业的常规客户。同时，建议在营销活动上，创始人需尽量选取能提供反馈、性能测试数据、口碑效应或者长期订单的用户作为销售对象。这些具有真正营销战略意义的订单才是企业取得长期成功的基石。

误区四：创业初期营销需要夸张内容以弥补市场销量数据的不足

在营销初期，没有太多的用户购买数据可以支撑营销效果，创业者会想到夸大产品数据来弥补销量的不足。但本书建议为了得到用户的切身体验并且使用户最终接受创业项目的产品和服务，需要一个真实的营销过程。如果在营销内容中过于夸张，甚至利用信息不透明而设计一些虚假内容，便会让用户感觉受到了欺骗，从而对项目产品和服务产生排斥，这对于创业项目的发展而言是影响巨大的。

第 9 章

保持创业的活力，让你的企业基业长青

工具29　企业成长 PDCA 循环

没有什么既定的公式和程序能够使创业企业一定保持基业长青的状态；创业企业的成功与产品及服务、资源、市场渠道、团队、财务等多方面因素有关。本书想要为创业企业提供一个持续发展的思路，采用质量管理系统中的 PDCA 循环，持续推进创业企业制定新的发展规划。

PDCA 循环又叫质量环，是管理学中的一个通用模型。PDCA 是英文单词 Plan（计划）、Do（执行）、Check（检查）和 Adjust（修正）的第一个字母，PDCA 循环是指按照计划—执行—检查—修正的顺序进行企业质量管理。PDCA 循环中四个环节的含义如下：

（1）Plan（计划）：确定企业提升愿景、目标及确定行动计划；

（2）Do（执行）：实施计划中的各项工作内容；

（3）Check（检查）：总结计划执行中的结果及目标完成

的效果，并且找到实施过程中出现的问题。

（4）Adjust（修正）：对总结中成功的经验加以肯定并且推广及标准化；失败的教训加以总结避免在后续工作中重现，未解决的问题放到下一个 PDCA 循环中制订计划加以解决。

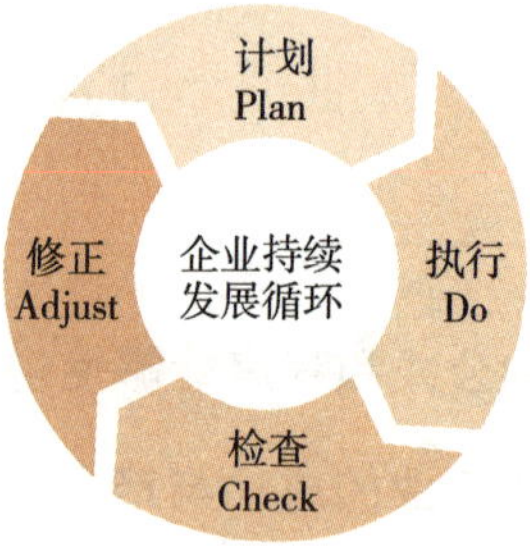

图 9－1　企业持续发展 PDCA 循环

PDCA 循环的四个过程不是循环一次就完结，而是需要周而复始地进行。一个循环结束了，也许解决了部分问题，但通常情况下还会有遗留问题，甚至出现新的问题，这时候就需要创业者再进行下一个 PDCA 循环。不断解决问题的过程就是水平逐步上升的过程。该循环过程让创业企业不断培养求变思维和反思如何做得更好，激活企业不断持续发展的动力。

案例

即使上市了，这家在线教育平台也依然对企业的发展商业模式和服务持续地迭代更新

因为某个机缘，我结识了这家国外上市公司的运营总监。一天他招呼我和他的几个同行到他的公司参观。这家公司坐落在北京北部的某个写字楼里，当年这里诞生了几家非常知名的“独角兽”公司。

这家公司已经在国外成功上市，如今有 3000 多人的规模，占据了这栋写字楼的好几层。每一层都是开放式的办公环境，一眼望过去，整层楼开阔的空间里坐满了人，每个人都在忙碌着。挂在墙上的大屏幕显示着该公司的股票曲线实时变化，这家公司已经超越了创业独角兽的体系，俨然是一家成熟的公司。

作为这家公司的运营总监，他对这家公司已经了如指掌。他一面带着我们参观各楼层，一面介绍公司目前的情况。这家公司主打的是互联网 + 教育平台的模式。在筹备上市的时候，由于教育行业的资本溢价杠杆空间有限，因此这家公司在上市路演主要突出其利用互联网及大数据的先进方式来提升在线教育服务的质量，及扩大用户覆盖面。互联网大数据等先进技术是这家公司科学技术含量的保证，也是这家公司

科技无形资产及公司估值溢价的保证。成功打动股东们，顺利登陆国外交易所上市之后，目前这家公司面临的是商业模式的变革。公司面临的任务，也从之前的“我能够为股东赚钱”变成了“我得用实际业绩证明我为股东赚了多少钱”。该公司运营总监介绍现在公司的发展战略已经回归到如何推出更优质的在线教育服务，提升产品服务质量，这样才能有更多的用户，在众多竞争者中取胜。

我看到这家公司做的产品，好奇地问：“这层楼做的产品和最近风头正劲的另外一家在线外语培训公司的产品很类似呀?”运营总监说：“没错，我们今年初增加了这个产品，这一层楼包括产品的研发和服务交付，都是为了与这家公司的同类产品竞争的。这个服务产品模式和那家公司的基本没有什么区别，但是我们借助目前的实力以及在行业内的地位，肯定也不会输给我们的竞争者。”

即使成功在国外交易所上市，成为行业内的领军老大，这家公司也依然在持续地更新迭代产品和服务，以及变更公司整体发展战略。领军企业公司尚如此，作为初创的创业公司又怎能不时时刻刻应对瞬息万变的市场和激烈无比的竞争呢?

案例分析

本节案例中的创业企业已经处于行业内的领军企业地位，是一家成熟型企业，市场产品盈利丰厚，企业运作资金流健康。但是企业管理层在企业成功上市之后，依然没有放松对企业运营模式和产品服务的更新和变革，以争取更大的市场份额。采用 PDCA 来评估该企业的持续性变革发展，如图 9－2所示。在 PDCA 环节的每个阶段，根据总体的方案细化工作步骤和细节，在案例分析中不再展开详述。

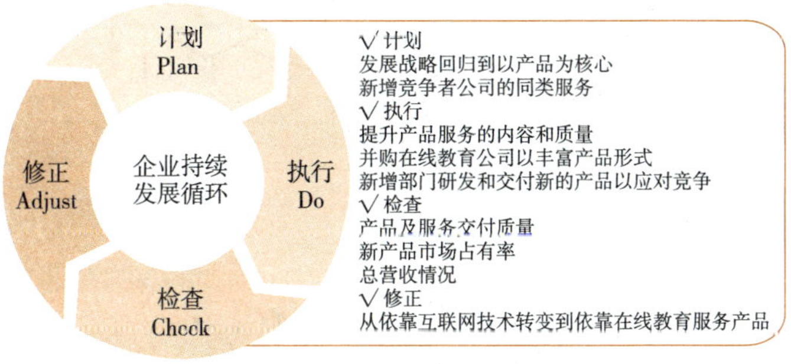

图 9－2　案例企业持续发展 PDCA 循环分析

是时候考虑
我们的上市
计划了.

巨头竞争者的进入
业务领域扩大市场
份额扩大壁垒构建
持续性、稳定性

工具 30　企业可持续发展评估表

要创立一家基业长青的公司并非易事，基业长青的公司具备下列四个特点：

（1）公司所处产业具有持续发展的优势。

（2）公司自身技术、产品服务和资源具有竞争优势。

（3）公司所处市场和自然环境具有稳定性。

（4）公司本身现金流健康，具有财务发展优势。

很多管理类书籍都为企业提供了方法及理论，但是创业企业千差万别，建议管理者根据企业自身的特点来制定合适的方案，不应简单套用其他成功公司的持续经营发展之道。为了更好地促进创业企业的持续发展，下列企业可持续发展评估表可以作为一种检验工具，用于企业对其持续发展能力的提升。

表 9－1　企业可持续发展评估表

评估维度		评分				
		1	2	3	4	5
所处产业优势	产业市场增长潜力					
	产业盈利潜力					
	资本对本产业的关注					
	政策对产业的支持					
	产业技术能力					
	产业生产效率					
	产业投资收益率					
公司竞争优势	核心技术团队力量					
	公司产品和服务质量					
	市场占有份额					
	品牌影响力					
	公司现有客户量					
	客户忠诚度					
	公司专利和核心技术					
	公司供应链管控能力					
	公司营销渠道管控能力					
公司财务优势	公司融资的能力					
	公司供融资资产量					
	公司现金流健康程度					
	公司盈利能力					
	公司业务风险					
	公司资产变现能力					
	公司股权变现及融资能力					

续表

评估维度		评分				
		1	2	3	4	5
公司所处环境的稳定性	竞争的压力					
	市场用户需求					
	产品和服务价格弹性					
	货币通货膨胀率					
	市场准入壁垒					
	宏观经济环境					
	政策环境					
	自然环境					

案例

这家国内能源巨头企业转型主打金融化战略，但产业转型之路却受到了资本市场波动的影响

这家企业股价断崖式下跌的时候，正是我与我的 MBA 同学相识的时候，他是这家企业的销售经理。

在中国能源产业界，这家企业算是最早参与新能源生产的企业之一。20 年前，水电站建设还是一片蓝海，比起火电，水电站的收益率并没有这么高。国家政策放开后，一些民营企业开始进入能源领域，这家集团进入之后，完成了国内几处非常出色的水电站项目。这些项目成为这家集团的现金牛，为集团完成了原始积累。

随着新能源尤其是水电站建设的政策鼓励趋势，这家企

业的水电站业务逐渐发展壮大，这家集团也成为业内的龙头老大。

水电站的资源是有限的，这家集团开始制定转型发展战略。老总经深思熟虑后，决定走光伏发展之路。继水电站之后，光伏产业确实是一个收益率不错的新能源行业。应该说集团发展领域是对的，可是问题出在了落地细分战略上。

首先是光伏发电方向。这家公司投入大量资金招募专家建设团队，组建了庞大的研发部，但研发的产品是户用分布式太阳能产品。这个方向非常超前，目前国内基本上是分布式发电站，户用太阳能发电设备还没有被用户认可，这个时候大力推广太阳能产品其实风险很大。

其次是生产线管理和运营。这家公司在全国各地都铺起了产品直营门店和生产线。据这位同学说，这家集团全国的生产线貌似没有大量生产产品，但直营店和生产线却在不断地建设和开张。

最后是光伏发电产品。这个集团决定生产户用分布式太阳能装置，最终落地的是小型蓄电池等看起来技术含量不是特别高的产品。据说这些产品质量不太过关，从一米多高掉在地上就坏了，而且产品非常不实用，价格高昂，普通家庭用户是无法接受的。

还有一个最重要的情况是，老总深思熟虑的战略也包括利用资本市场金融杠杆效应将企业股票升值溢价。他做到了，分布户用太阳能概念，全国门店和生产线的理论生产力和营收估算，让这家企业的估值一度成为第一。

泡沫再大，最终也会回归理性，泡沫破灭只是早晚的事。最后，包括我同学在内的销售团队和其管理层团队大量出走，各地工厂和门店部分关闭，集团股价腰斩下跌，神话结束。

这个企业可以作为创业的经典案例，成功和失败各占一半，创业者要学它勇于开拓蓝海的前瞻眼光和战略，也要以它过度依赖金融杠杆盲目扩张最后泡沫破灭的现状做教训。

案例分析

本节创业案例中的企业已经是国内水电能源产业的巨头，并且已经成功在境外上市。企业决定进军光伏产业，但是在开展新业务领域的过程中，企业的发展布局比较激进，在领域技术研发、全国制造工厂布局和企业营销布局上都急于利用资本杠杆而忽略了技术产品实用性本身。企业开始往金融杠杆运作模式转变，受到股市打击后直接影响了企业的正常运营，对光伏产业战略也造成了很大的负面影响。虽然企业在这次波折中并没有面临破产，但是企业的持续发展和新业务的转型开发肯定会因为资本市场的波动而滞后。下面是我尝试对案例中的企业现状做出的评估。通过评估可以看到，该企业实力很强，光伏产业也是国家重点支持的产业领域，未来发展趋势稳中向好，但是该企业并没有花太多的精力在孵化制造企业主打的“户用光伏”产品上，而是主要以资本市场运作为主，在企业产业制造及销售布局上也是为了向资本市场证明其在该领域的未来盈利能力。因此在评估时，我认为企业在产品制造评估中是处于劣势的。

表9-2 企业可持续发展评估表

评估维度		评分				
		1	2	3	4	5
所处产业优势	产业市场增长潜力					√
	产业盈利潜力				√	
	资本对本产业的关注				√	
	政策对产业的支持					√
	产业技术能力					√
	产业生产效率					√
	产业投资收益率				√	
公司竞争优势	核心技术团队力量					√
	公司产品和服务质量					√
	市场占有份额			√		
	品牌影响力					√
	公司现有客户量		√			
	客户忠诚度		√			
	公司专利和核心技术			√		
	公司供应链管控能力			√		
	公司营销渠道管控能力			√		

续表

评估维度		评分				
		1	2	3	4	5
公司财务优势	公司融资的能力				√	
	公司供融资资产量				√	
	公司现金流健康程度				√	
	公司盈利能力				√	
	公司业务风险					√
	公司资产变现能力				√	
	公司股权变现及融资能力				√	
公司所处环境的稳定性	竞争的压力		√			
	市场用户需求	√				
	产品和服务价格弹性	√				
	货币通货膨胀率			√		
	市场准入壁垒				√	
	宏观经济环境		√			
	政策环境				√	
	自然环境				√	

生命不息，创业不止。

创业企业持续发展必须避开的误区

创业企业能够基业长青，除企业本身在市场和用户上具有持续发展的实力之外，企业在成长壮大过程中还需要避开下列误区。

误区一：将企业创业时的经营模式在多个业务领域复制

创业企业在成熟期，业务和市场都呈现出多样化及稳定扩张，建议创始人不要将创业初期的运营模式简单复制到成熟企业各业务线中，而是要反思此时的企业该如何合理构建整体的业务模式，包括对商业模式进行不断升级，以探索出比原有初创企业更适合企业发展规模的完整运营模式。

误区二：已经不需要旁观者清式的深入思考和充满灵活性的企业变革能力

企业现在一切都在正轨上，盈利现金流非常健康，甚至草拟了上市的规划，但是本书建议创始人依然需要以“旁观者”的心态审视自己的企业。在这个市场中企业的绝对优势是暂时的，需要不断思考如何适应新的市场需求，以及如何应对未来出现的竞争者挑战。

误区三：忽略成本，可以随意地花钱铺市场和打价格战

创业企业壮大之后，公司财力雄厚，融资门槛降低，企业应该不缺资金。但本书建议越是在需要大量投钱到市场争夺战略的时候，越要掌握控制企业的经营成本，提升企业利润率的能力，在大量投入资金决策实施前需要保持谨慎的心态评估投入和预估收益比。

误区四：资产和业务多样化就能使企业基业长青

企业发展到成熟阶段，为了使资产组合估值变得更大，会采用投资并购的手段获取更多的业务和资产。虽然获取能够增值的资产和业务都会对公司的整体价值有所提升，但本书建议创始人针对公司的主营业务并购相关领域的企业或者业务，因为这些企业或者业务的加入可提升企业主营业务的盈利能力，确保企业向大型业务综合性集团企业的发展过渡。如果业务布局设计得太分散，反而会使企业精力和投入过于分散而对企业主营业务的发展产生不利影响。